FACULTÉ DES SCIENCES ÉCONOMIQUES

ÉTUDES DE SCIENCE FINANCIÈRE

LES EFFETS DE COMMERCE

ESCOMPTE ET RÉESCOMPTE
CHANGE ET MONNAIES

ÉTUDE THÉORIQUE ET PRATIQUE

par

COLBAT CROZE

5, Rue Paul-Louis-Courier, 5, PARIS

INSTITUT ADMINISTRATIF
36ᵉ Année

Cours spéciaux préparatoires
professés par UN GROUPE DE FONCTIONNAIRES
Préparations au mois - Forfait

COURS ORAUX — COURS PAR CORRESPONDANCE

L'INSTITUT ADMINISTRATIF, par son ancienneté, par la notoriété, excellence de ses méthodes, par le choix de ses collaborateurs, par ses succès constants, est classé comme un établissement hors de pair.
Il assure aux élèves de ses cours une éducation administrative.
Ceux-ci sont reçus chaque année en grand nombre à tous les examens.
À chaque programme correspond une préparation spéciale pour l'étude complète de toutes les matières.
L'organisation des cours a été récemment faite avec les derniers perfectionnements.
Les prix sont néanmoins extrêmement réduits.
Des cours oraux sont ouverts aussitôt que de nouveaux concours sont annoncés.
Les préparations par correspondance sont individuelles et personnelles.
L'INSTITUT ADMINISTRATIF donne sur demande (timbre pour réponse) les indications détaillées sur les conditions et le prix de chacune de ses préparations, soit orales, soit par correspondance.

PRINCIPALES PRÉPARATIONS
MINISTÈRES
(Toutes les Administrations centrales)
Régies financières — Contributions, Trésorerie
(Contributions directes, indirectes, Douanes, Enregistrement)
Postes et Télégraphes — Services publics
(Sections féminine) (tous emplois)
Grandes Administrations — Écoles

BANQUE DE FRANCE
BANQUE D'ALGÉRIE — ÉTABLISSEMENTS DE FINANCE
PRÉPARATION COMPLÈTE RECOMMANDÉE, dirigée par des Professeurs

SECTION DES CARRIÈRES FÉMININES
STÉNOGRAPHES — DACTYLOGRAPHES — RÉDACTRICES
ENSEIGNEMENT PROFESSIONNEL COMPLET — PRÉPARATION - FORFAIT — PLACEMENT
Demander la notice spéciale concernant ces emplois, indiquant la rémunération

Nouvelle Section préparatoire aux Examens
pour les
EMPLOIS CIVILS RÉSERVÉS AUX MUTILÉS ET RÉFORMÉS

LES EFFETS DE COMMERCE

Deuxième édition du *Manuel du Portefeuilliste*

ÉTUDES ÉCONOMIQUES
(COMMERCE — FINANCES — LÉGISLATION)
PAR A. COMBAT (G. OX)
ANCIEN CHEF DU CONTENTIEUX FÉDÉRAL DES BANQUES POPULAIRES
DE L'ANCIEN COMITÉ D'ÉTUDES FINANCIÈRES
ET DU JURY DE L'EXAMEN COMMERCIAL

I. — **Les Effets de Commerce** (2ᵉ édition du *Manuel du Portefeuilliste*), 1919.
  Effets de commerce. — Escompte et recouvrement. — Du Change. — Matières d'or et d'argent. — Monnaies étrangères et usages des principales places.
  Un volume in-8 de 215 pages, broché. . . . . 6 fr. 50

II. — **Le Manuel des opérations de Bourse** (2ᵉ *édition*), 1918.
  Étude juridique des valeurs mobilières. — Loi concernant l'organisation générale des Bourses de valeurs en France. — Mécanisme des opérations de Bourse en France. — Organisation détaillée du marché de Paris. — Bourses départementales et Bourses étrangères.
  Un volume in-8 de 410 pages, broché. . . . . 6 fr.
  (*Ouvrage adopté pour la bibliothèque du ministère des Finances.*)

III. — **Banques et opérations de Banque**, 1914.
  Un volume in-8 de 457 pages avec 55 reproductions de documents, modèles divers, graphiques, etc., br. 7 fr. (*Épuisé*.)
  (*Ouvrage adopté pour la bibliothèque du ministère des Finances.*)

LES TROIS VOLUMES SONT ADOPTÉS POUR LES BIBLIOTHÈQUES DE LA VILLE DE PARIS
ET DU DÉPARTEMENT DE LA SEINE

III bis. — **Les Opérations de Banque**, 1919 (2ᵉ édition du volume n° III).
  Diverses opérations de banque. — Banques d'émission. — Banques coloniales. — Banques hypothécaires. — Établissements de crédit.
  Un volume in-8 de 245 pages, avec reproductions de documents, modèles divers, etc., broché . . . . 8 fr.

III ter. — **Les Banques en France et à l'Étranger**
  (2ᵉ édition du volume n° III). . . . . (*En préparation*.)

IV. — **Les Impôts cédulaires et l'Impôt global sur les revenus**, 1918.
  Historique. — Taxes sur les revenus commerciaux, industriels, agricoles, des professions libérales, des valeurs mobilières et immobilières. — Barèmes, Textes officiels.
  Un vol. in-12 de 500 pages (2ᵉ *édition*) avec un supplément pour la mise à jour au 1ᵉʳ juillet 1918. . . . . . 6 fr.

V. — **Taxes et Impôts nouveaux**, 1918.
  Les nouvelles taxes commerciales. — Réglementation des émissions, de l'exportation des capitaux et du change. — Mesures contre les fraudes fiscales. — Nouveaux tarifs successoraux.
  Un volume in-12 de 275 pages. . . . . 5 fr.

LÉGISLATION DE GUERRE 1914-1918
(COLLECTION HONORÉE DE DIVERSES SOUSCRIPTIONS)

I. — **Les Affaires, la Bourse, les Banques et la Guerre.**
  Manuel de l'homme d'affaires pendant la guerre, moratoria, etc.
  Une brochure in-12 de 168 pages (2ᵉ *édition*). . . 2 fr. 25

II. — **Finances publiques, emprunts et placements pendant la Guerre.**
  Une brochure in-12 de 248 pages (2ᵉ *édition*). . . 2 fr. 50

III. — **Les Assurances et la Guerre.**
  Une brochure in-12 de 80 pages. . . . . 1 fr.

IV. — **Le Travail des femmes à domicile.**
  Commentaire de la loi du 10 juillet 1915, étude générale sur les salaires féminins.
  Une brochure in-12 de 85 pages. . . . . 1 fr. 25

V. — **L'Application de l'Impôt sur le Revenu.**
  Une brochure in-12 de 96 pages (3ᵉ *édition*) avec un supplément pour la mise à jour au 1ᵉʳ juillet 1918. 1 fr. 50

VI. — **L'Impôt sur les bénéfices de guerre.**
  Guide pratique des assujettis.
  Une brochure in-12 de 180 pages (4ᵉ *édition*). . . 4 fr.

EN VENTE A LA LIBRAIRIE BERGER-LEVRAULT
PARIS — NANCY

BIBLIOTHÈQUE DES SCIENCES ÉCONOMIQUES
Sous la direction de M. A. SAILLARD, Chef de bureau au Ministère de l'Agriculture
FINANCES — COMMERCE — INDUSTRIE

ÉTUDES DE SCIENCE FINANCIÈRE

LES EFFETS DE COMMERCE

ESCOMPTE ET RECOUVREMENT
CHANGES ET MONNAIES

PRÉCIS THÉORIQUE ET PRATIQUE

À L'USAGE

des élèves des cours supérieurs commerciaux,
des employés des banques, de la bourse et du commerce,
et des candidats aux divers concours commerciaux et financiers

Par F.-J. COMBAT (I, O✠)

EXPERT-COMPTABLE BREVETÉ, MEMBRE DU CENTRE FÉDÉRATIF DES BANQUES POPULAIRES
DE L'ANCIEN COMITÉ D'ÉTUDES BANCAIRES, ET DU JURY DES EXAMENS COMMERCIAUX

Deuxième édition du Manuel du Portefeuilliste

BERGER-LEVRAULT, LIBRAIRES-ÉDITEURS
NANCY-PARIS-STRASBOURG
1919

PRÉFACE

Au cours d'une carrière déjà longue, j'ai constaté souvent que bon nombre de jeunes collègues ne possédaient qu'un bagage professionnel, théorique et pratique, absolument insuffisant.

Spécialisés dès le début, et faisant ensuite toute leur carrière dans le même service, ou dans un nombre très restreint de services, ils n'apprennent généralement, dans le cadre étroit de leurs occupations journalières, que la routine spéciale à la maison à laquelle ils appartiennent.

Peu nombreux sont ceux qui cherchent à étendre leurs connaissances en étudiant les domaines voisins.

Cependant, l'étude des opérations financières est, dans son ensemble, très intéressante, et son utilité pratique tend constamment à se développer. Par suite de l'organisation financière moderne et de l'extension des relations commerciales internationales, la banque devient, de plus en plus, le pivot indispensable de toutes les grandes affaires.

Le banquier sera bientôt tout à fait ce qu'il doit être : le caissier et l'intermédiaire du commerce. Son rôle décuplera d'importance et, pour être à la hauteur de sa mission, il devra posséder les capacités nécessaires pour résoudre habilement, par lui-même ou par un personnel d'élite, toutes les questions financières, nationales et internationales, dont le nombre et la complexité s'accroissent constamment.

J.-G. Courcelle-Seneuil, dans sa préface des *Opérations de Banque* (¹), écrivait déjà en 1852 : « La banque n'est point une branche de commerce prise au hasard et qui, d'ail-

---

(¹) *Les Opérations de Banque*, par J.-G. COURCELLE-SENEUIL. Édition revue et mise à jour par M. André LIESSE.

leurs, ressemble à toutes les autres. Entre toutes les professions commerciales, celle du banquier occupe le premier rang et chaque progrès nouveau de la société ajoute à son importance : c'est le banquier qui est généralement chargé de trouver un placement aux capitaux, c'est-à-dire d'établir les conditions de l'alliance entre le capital et le travail ; c'est lui qui fait les recouvrements et tient les comptes ; c'est lui, le plus souvent, qui dispose des capitaux mobiliers, dont les mouvements exercent une influence décisive sur les variations du prix des diverses marchandises, et peuvent, en peu de temps, élever ou renverser les fortunes particulières. »

Mais, en dehors de la pratique qui s'acquiert par le labeur quotidien, des études spéciales et approfondies s'imposent à l'homme d'affaires qui veut donner à ses facultés leur maximum de développement.

Goethe a dit : « Je ne sache pas qu'il y ait d'esprit plus large et plus cultivé que celui d'un grand commerçant. »

D'autre part, dans l'*Éducation économique du peuple allemand*, M. Georges Blondel écrit : « On reconnaît que l'enseignement par la pratique ne peut plus suffire. L'exemple de l'Angleterre est probant. C'est parce qu'elle s'est trop exclusivement contentée de la pratique qu'elle a été supplantée sur plusieurs points du monde par des peuples qui jadis lui étaient inférieurs. Les Allemands sont convaincus que la forte éducation commerciale et scientifique donnée à un grand nombre de jeunes gens a été une des principales causes de leurs succès économiques... »

J'ai donc entrepris de résumer pour les candidats aux emplois supérieurs des grandes banques, et pour tous ceux que la science financière intéresse, les éléments indispensables d'une éducation professionnelle complète.

Dans les éditions primitives, ce travail était divisé en trois parties :

1. — Tout ce qui concerne l'escompte : législation et

technique des *Effets de commerce*, de l'escompte, des changes, des monnaies étrangères, formait le premier volume de la série : *Le Manuel du Portefeuilliste*.

II. — L'exposé théorique et pratique des *Opérations de Bourse*, au comptant et à terme, l'organisation générale du marché de Paris et des principaux marchés européens, a fait l'objet du deuxième volume. Ce travail complètement dégagé de toute réclame, est un guide mathématique et juridique du « teneur de carnet » et de l'employé du « guichet bourse ». Bien entendu, tout conseil de spéculation en a été rigoureusement banni.

III. — Enfin, dans le troisième et dernier volume, ont été exposées toutes les autres *Opérations des banques*, par une étude approfondie des principaux services qu'elles mettent à la disposition du public : prêts sur titres, paiements des coupons, comptes courants divers, garde des titres, émissions, etc.

L'historique des grandes banques termine cette troisième partie.

Telles étaient les grandes lignes du travail entrepris en 1910.

Depuis, l'accueil favorable que le public a bien voulu faire à mes ouvrages, a nécessité de nouvelles éditions qui ont subi les quelques modifications ci-après :

1. Le présent volume (ancien *Manuel du Portefeuilliste*) a reçu un nouveau titre : LES EFFETS DE COMMERCE, qui est plus général et qui indique mieux l'objet de l'ouvrage. Le plan est resté le même et je n'ai pas cru devoir changer aucun des exemples numériques donnés en 1910, sur des cours de 1909 et 1910, car les cours actuels ne sont que passagers et ne présentent par suite aucune utilité spéciale pour chiffrer des calculs d'exemples. Je n'ai rien modifié non plus de ce qui avait trait aux pays ennemis, car il est probable que lorsqu'un régime normal sera rétabli,

les transactions futures se feront suivant les mêmes principes.

II. Le *Manuel des opérations de Bourse* a été réédité en 1916, sans autres modifications que la mise à jour des textes législatifs.

III. Enfin, le dernier ouvrage de la série a été, lors de sa réédition, scindé en deux volumes qui sont :

a) *Les Opérations de Banque* (1919), qui comprend tout ce qui a trait à la technique des opérations bancaires et à l'étude des divers services mis à la disposition du public ;

b) *Les Banques en France et à l'étranger.* (Ce dernier volume, en raison des circonstances actuelles, ne paraîtra qu'ultérieurement.)

En terminant cet exposé, je renvoie les lecteurs pour tout ce qui concerne spécialement la période de guerre aux différentes brochures publiées dans la collection : LÉGISLATION DE GUERRE.

1919.

F.-J. COMBAT,
Expert-comptable,
35, rue de Bellefond, Paris, IXᵉ.

PREMIÈRE PARTIE

DES EFFETS DE COMMERCE

FRANCE

DES EFFETS DE COMMERCE

Livre I, titre 8 du Code de commerce
(Promulgué le 21 septembre 1807, articles 110 à 189.)

Cette partie du Code de commerce a pour objet l'étude des *effets de commerce*.

Les effets de commerce sont des *instruments de crédit* et des valeurs *fiduciaires* (de *fides*, confiance). Ils indiquent la concession, par le créancier, d'un *terme* ou *délai* de paiement, en faveur du débiteur.

Ils peuvent être souscrits par le débiteur en faveur de son créancier (*billet à ordre*), ou tirés par le créancier sur son débiteur (*lettre de change, traite, chèque*).

Toutes ces valeurs sont, en général, transmissibles par voie d'endossement (le billet simple, variété incomplète du billet à ordre, et qui est à personne dénommée, n'est pas un effet de commerce.)

Les banquiers ou les commerçants mettent en circulation les effets de commerce suivant les besoins de leurs affaires. Au même titre que la monnaie, ils leur servent à effectuer leurs règlements, soit avec leurs fournisseurs, soit avec leurs clients.

Les effets de commerce, par leur circulation, non seulement facilitent le crédit, mais, comme le billet de banque, économisent le numéraire.

L'importance énorme des affaires réglées de la sorte, le chiffre considérable de ce mouvement fiduciaire, ont nécessité toute une réglementation législative et fiscale. La connaissance de l'ensemble des usages des places entre elles et des textes de lois relatifs aux effets de commerce est donc indispensable aux chefs et employés du Portefeuille des banques et des grandes maisons de commerce.

Le Portefeuille (Portefeuille-Effets), surtout dans une banque d'escompte, est le fondement de l'édifice. C'est le service le plus important. Le banquier y emploie non seulement ses capitaux personnels, mais encore une partie des fonds qui lui sont confiés. Il faut donc, autour des services d'escompte, une surveillance éclairée et incessante. Il faut que ceux qui ont la charge et qui coopèrent, à des titres divers, à la marche de ce service, soient documentés non seulement sur la « technique » de leur métier, mais encore sur la législation fort complexe relative aux effets de commerce.

La première partie de ce travail a pour but l'étude juridique des effets de commerce.

Dans les autres parties, nous passerons en revue la théorie et la pratique de l'escompte, des changes et du commerce des monnaies.

Enfin, nous terminerons par les usages des principales places étrangères.

Quelques définitions
relatives aux effets de commerce

Bénéficiaire. — Nom donné à celui à qui l'effet est endossé (ou encore *preneur, porteur*).

Billet. — Promesse écrite de payer une somme indiquée, à une époque déterminée.

Bordereau. — Note détaillée des effets remis par une personne à une autre ; par exemple : remise d'un commerçant à son banquier. Lorsqu'il s'agit d'effets sur l'étranger, le bordereau prend le nom d'*aval*.

Cédant. — Celui qui cède un effet. C'est, soit le tireur, soit un des endosseurs suivants.

Cessionnaire. — Celui à qui l'effet est cédé.

Commission, courtage. — Droit perçu par un intermédiaire, pour la rémunération de ses services.

Couverture. — Remise, en espèces ou en papier, faite à un banquier, pour solder ou garantir un découvert.

Disposition. — Ordre de payer. Le *tireur* d'une traite *dispose* sur le *tiré*.

Effets de commerce. — Nom donné aux lettres de change, traites, mandats, billets à ordre.

Jours de grâce. — Délai accordé pour le paiement des effets de commerce, dans quelques pays.

Moratorium. — Délai accordé pour le paiement des effets de commerce, à la suite de circonstances anormales : catastrophes locales, guerres, etc. — En France, citons : la loi du 24 décembre 1910 (départements inondés) et les divers décrets moratoires rendus pendant la guerre 1914-1918.

Voir, pour cette dernière période, la brochure « *Les Affaires, la Bourse et la Guerre* », *Berger-Levrault, éditeurs.*

Retour. — Nom donné à un effet impayé et rendu au cédant.

Tiré. — Celui qui doit payer la lettre de change.

Tireur. — Celui qui tire la lettre ou la fait tirer.

DE LA LETTRE DE CHANGE

Formule générale
(Voir Modèle n° 1, page 7.)

La lettre de change est l'écrit qui, sous forme de lettre ouverte, sert au créancier, ou tireur, à donner au débiteur, ou tiré, l'ordre de payer une certaine somme à un tiers désigné dans la lettre, ou à l'ordre de ce tiers.

L'endosseur a généralement fourni au tireur la valeur de la lettre de change que ce dernier lui a transmise en paiement ou en couverture. A son tour, le premier endosseur peut renouveler la même opération avec un créancier personnel auquel il transmettra la lettre reçue. On voit donc qu'une seule lettre de change, par suite de la clause « à ordre » est suffisante pour opérer le règlement, sans mouvement de fonds, de toute une série d'opérations commerciales.

La lettre de change sert à résoudre le *contrat de change*. Ce contrat a une origine aussi ancienne que les relations commerciales de ville à ville et même de peuple à peuple.

Quant à la lettre de change, qui a eu pour but, dès l'origine, d'éviter le transport des monnaies (à cause des risques énormes qu'il présentait par suite du peu de sécurité des moyens de transport), on ne peut lui assigner une date de création bien exacte. Ce n'est guère qu'au dix-septième siècle que son emploi a pris une grande extension. Colbert fit rendre par Louis XIV, en 1673, une ordonnance où il est question de la lettre de change (Code Savary ou Code marchand).

En 1807 seulement, la lettre de change fut définitivement codifiée d'une façon complète, après des études législatives préparatoires qui duraient depuis 1787.

LETTRE DE CHANGE DOMICILIÉE

Timbre mobile oblitéré à la griffe. — Effet coté à l'encre rouge.

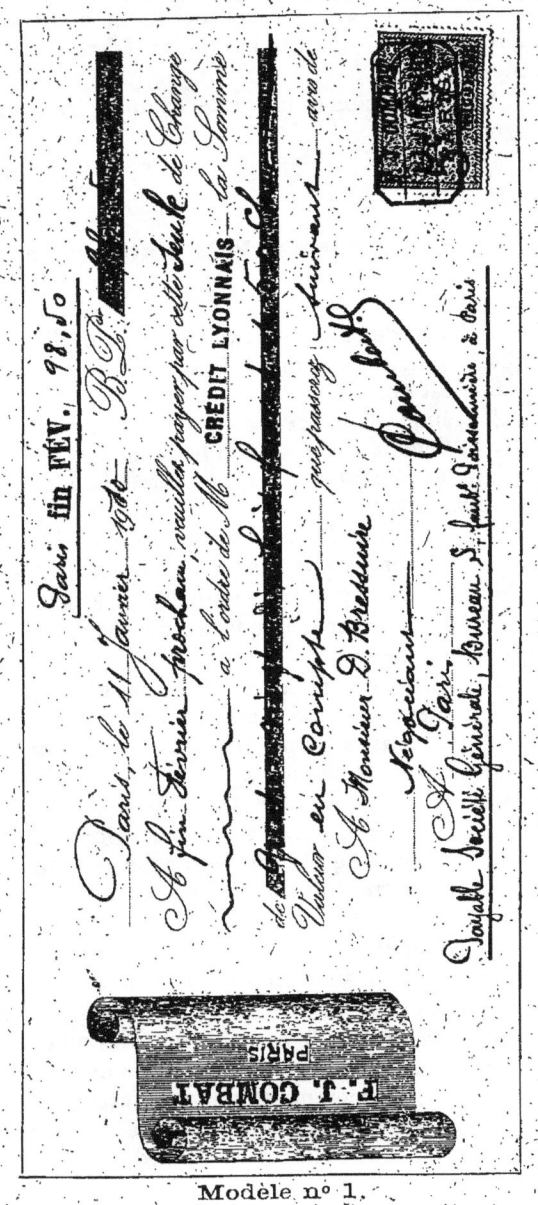

Modèle nº 1.

Les effets de commerce occupent actuellement dans le Droit français 79 articles du 1er Livre du Code de commerce.

Les expressions : lettre de change, traite, mandat, sont synonymes.

De la forme de la lettre de change

La lettre de change est tirée, soit d'un lieu sur un autre, soit d'un lieu sur le même lieu.

Elle est *datée*.

Elle énonce : la *somme à payer*, le *nom* de celui qui doit payer, l'*époque* et le *lieu* où le paiement doit s'effectuer, la *valeur* fournie en espèces, en marchandises, en compte, ou de toute autre manière.

Elle est à l'*ordre* d'un tiers, ou à l'ordre du tireur lui-même. Si elle est par première, deuxième, troisième, etc., elle l'exprime (art. 110, modifié par la loi du 7 juin 1894 qui a permis de tirer une lettre de change payable dans la place de création).

Le législateur de 1894 n'a fait que reconnaître légalement l'usage des *mandats*, qui existait depuis longtemps en France et dans la plupart des pays étrangers.

Une lettre de change peut être tirée sur un individu et payable au domicile d'un tiers. C'est ce qu'on appelle *domiciliation* d'une traite. La domiciliation est généralement faite chez un banquier qui paie pour compte du tiré.

Elle peut être tirée par ordre et pour le compte d'un tiers (art. 111).

Sont réputées simples promesses toutes lettres de change contenant supposition soit de nom, soit de qualité (L. 7 juin 1894, art. 112).

La signature des femmes et des filles non négociantes ou marchandes publiques, sur les lettres de change, ne vaut, à leur égard, que comme simple promesse (art. 113).

Les lettres de change souscrites par des mineurs non négociants, sont nulles à leur égard, sauf les droits respectifs des parties, conformément à l'article 1312 du Code civil.

Art. 1312, C. civ. — Lorsque les mineurs, les interdits ou les femmes mariées sont admis, en ces qualités, à se faire restituer contre leurs engagements, le remboursement de ce qui aurait été, en conséquence de ces engagements, payé pendant la minorité, l'interdiction ou le mariage, ne peut en être exigé, à moins qu'il ne soit prouvé que ce qui a été payé a tourné à leur profit.

Il n'est pas nécessaire que la lettre de change soit écrite de la main du tireur, mais il faut et il suffit qu'elle *soit signée* par lui, et il est prudent de faire régulariser par l'endosseur toute lettre non signée.

De même le « bon pour » ou « approuvé » est inutile en matière de lettre de change.

En France, la loi n'exige pas que le libellé porte les mots « lettre de change » (cette indication est exigée dans quelques pays étrangers, Allemagne, Italie, Suisse), et tous les effets légaux de la lettre de change sont applicables aux traites ou mandats.

L'article 110, qui exige l'indication de la somme, ne mentionne pas si elle doit être mise en toutes lettres.

Par application de l'article 1326 du Code civil, il faut répondre par l'affirmative (...il faut qu'outre sa signature il ait écrit de sa main un *bon* ou *approuvé*, portant en toutes lettres la somme ou la quantité de la chose...) et faire régulariser tout effet dont la somme ne serait pas écrite en lettres.

Il est d'usage d'indiquer la somme à payer :
1° *En chiffres*, en haut et à droite ;
2° *En lettres*, dans le corps de l'effet.

Mais il n'y a là rien d'obligatoire.

La pluralité d'exemplaires prévue par l'article 110 s'indique, dans le corps de la lettre de change, de la façon suivante :

A fin prochain, veuillez payer par cette première de change (la seconde et la troisième ne l'étant pas), à l'ordre de ...

Cette pluralité a pour but de parer aux risques de route,

en cas de tirages internationaux, ou d'outre-mer. (Voir Modèle n° 2, page 11).

Faisons remarquer que l'obligation imposée par l'article 110, d'indiquer la *valeur fournie*, a disparu de presque toutes les législations étrangères. C'est, du reste, une obligation qui n'a pas grande raison d'être. En tout cas, la *valeur fournie* se réfère aux rapports du premier endosseur avec le tireur, du deuxième avec le premier, et ainsi de suite; et non pas aux rapports entre le tireur et le tiré, ainsi que les libellés usités dans le commerce l'indiquent souvent, par une fausse interprétation des textes.

De la provision de la lettre de change

Il y a provision si, à l'échéance de la lettre de change, celui sur qui elle est fournie est redevable au tireur, ou à celui pour compte de qui elle est tirée, d'une somme au moins égale au montant de la lettre de change (art. 116).

La provision doit être faite par le tireur, ou par celui pour le compte de qui la lettre de change est tirée, sans que le tireur pour compte d'autrui cesse d'être personnellement obligé envers les endosseurs et le porteur seulement (L. 19 mars 1817, art. 115).

De l'acceptation de la lettre de change

(Voir Modèle n° 3, page 13.)

L'acceptation est l'engagement que prend le tiré de payer la lettre de change.

Celui qui accepte une lettre de change contracte l'obligation d'en payer le montant (art. 121).

Le tireur et les endosseurs d'une lettre de change sont garants solidaires de l'acceptation et du paiement à l'échéance (art. 118).

Le refus d'acceptation est constaté par un acte que l'on nomme *protêt faute d'acceptation* (art. 119).

Cet acte, dressé par huissier, permet au porteur un

DE LA LETTRE DE CHANGE. 11

LETTRE DE CHANGE EN DOUBLE EXEMPLAIRE

Modèle n° 2.

LETTRE DE CHANGE A UN CERTAIN DÉLAI DE VUE — ACCEPTATION — AVAL

Modèle n° 3

Paris, le 18 février 1910

B.P.F.

A huit jours de vue, veuillez payer par cette lettre de change à l'ordre de MM. HENROTTE & MILLER la somme de ....
Valeur en compte que passerez suivant avis de
A Monsieur Hersante fils
Exposante 40 rue Chantilly
Lyon

P. J. COMBAT
99, BOULEVARD SAINT-GERMAIN, 99
PARIS (VI)

Échéance : 27 février + 8 jours = 7 mars

recours contre le tireur et les endosseurs, qui sont tenus *respectivement* de donner *caution* pour assurer le paiement à échéance ou d'effectuer le *remboursement* avec les frais de protêt et de rechange (art. 120).

Malgré l'article 119, le *protêt faute d'acceptation* ne paraît pas obligatoire, car le porteur n'a à craindre aucune déchéance, s'il ne le fait pas.

La mention sans frais ou sans protêt qui vise le non-paiement à l'échéance, doit s'étendre aussi au refus d'acceptation.

L'acceptation d'une lettre de change doit être *signée*.

L'acceptation est exprimée par le mot « accepté » (art. 122). Un arrêt du 9 août 1898 de Besançon a déclaré que la signature du tiré sur une lettre de change, non précédée du mot « accepté » vaut blanc-seing donné par le tiré et que le porteur est fondé à inscrire légalement, au-dessus, le mot « accepté » (question controversée, il est prudent de surveiller la forme donnée à l'acceptation).

Elle est *datée*, si la lettre est à un ou plusieurs jours ou mois de *vue*.

Dans ce dernier cas, le défaut de date de l'acceptation rend la lettre exigible au terme exprimé, *à compter de sa date* (art. 122) de création.

L'acceptation d'une lettre de change payable dans un autre lieu que celui de la résidence de l'accepteur, indique le domicile où le paiement doit être effectué ou les diligences faites (art. 123).

L'acceptation ne peut être conditionnelle. Mais elle peut être restreinte, quant à la somme acceptée.

Dans ce cas, le porteur *est tenu* de faire protester la lettre de change pour le surplus (art. 124).

Une lettre de change doit être acceptée à sa présentation ou, au plus tard, dans les vingt-quatre heures de sa présentation.

Après les vingt-quatre heures, si elle n'est pas rendue acceptée ou non acceptée, celui qui l'a retenue est passible de dommages-intérêts envers le porteur (art. 125).

L'acceptation rendant le tiré partie contractante (il devient débiteur direct du porteur et ne peut plus invoquer contre sa négligence que la prescription de cinq ans), le porteur a intérêt à la demander, surtout lorsqu'il s'agit de sommes importantes, ou lorsqu'il peut avoir un doute sur la qualité du papier qui lui est endossé.

Le porteur peut être privé du droit de demander l'acceptation, par la mention *non acceptable* inscrite par le tireur sur la lettre.

Il est d'usage de donner l'acceptation sur l'effet lui-même, en travers et à gauche, quoique les articles 118 à 125 ne l'indiquent pas.

(Il est utile de faire remarquer que l'acceptation par *acte séparé* a été admise par la Cour de cassation dans ses arrêts des 3 juin 1862, 11 mars 1863 et 15 février 1882.)

Le *tiré* qui a avisé le *porteur* que l'effet est accepté, et qui rend cet effet *non accepté*, est passible envers le porteur de dommages-intérêts, en raison du préjudice que sa fausse indication a pu causer.

De l'acceptation par intervention

Lors du *protêt faute d'acceptation*, la lettre de change peut être acceptée par un *tiers*, intervenant pour le tireur ou pour l'un des endosseurs.

Cette intervention est mentionnée dans l'acte du protêt; elle est signée par l'intervenant (art. 126).

L'intervenant est tenu de notifier sans délai son intervention à celui pour qui il est intervenu (art. 127).

Le porteur de la lettre de change conserve tous ses droits contre le tireur et les endosseurs, à raison du défaut d'acceptation par celui sur qui la lettre était tirée (art. 128).

L'acceptation par intervention s'appelle encore *acceptation par honneur* ou *sous protêt*.

De l'échéance de la lettre de change

Une lettre de change peut être tirée :

a) à vue;

b) à un ou plusieurs { jours / mois / usances } de vue ;

c) à un ou plusieurs { jours / mois / usances } de date ;

d) à jour fixe ou à jour déterminé ;
e) en foire (art. 129).

La lettre de change *à vue* est payable à *sa présentation* (art. 130).

L'échéance d'une lettre de change à un ou plusieurs jours, mois ou usances *de vue*, est fixée par la date de l'acceptation, ou par celle du protêt faute d'acceptation (art. 131).

L'usance est de *trente jours*, qui courent du lendemain soit de la date de la lettre de change, soit de la date de l'acceptation, suivant que la lettre est à ...x... *de date* ou à ...x... *de vue*.

Une lettre de change payable *en foire* est échue la *veille* du jour fixé pour la clôture de la foire, ou le jour même de la foire, si celle-ci ne dure qu'un jour (art. 133).

Les lettres de change payables dans un délai d'usance, et celles payables en foire sont excessivement rares.

Si l'échéance d'une lettre de change est à un jour férié légal, elle est payable le premier jour ouvrable *qui suit* (L. 28 mars 1904, art. 134).

Il en est de même des billets à ordre et de tous autres effets de commerce.

Les jours fériés sont, outre les dimanches :

1° *L'Ascension, l'Assomption, la Toussaint, le jour de Noël (A. du 29 germinal, an IX)* ;
2° *Le 1ᵉʳ janvier (C. d'Ét. du 20 mars 1810)* ;
3° *Le 14 juillet (L. 6 juill. 1880)* ;
4° *Les lundis de Pâques et Pentecôte (L. 8 mars 1886).*

Les prescriptions de la loi du 28 mars 1904 sont complétées par les lois suivantes :

1° *Loi du 23 décembre 1904 : lorsque les* fêtes légales

LES EFFETS DE COMMERCE

ENDOS DE LA LETTRE DE CHANGE « SANS FRAIS ». Papier de la débite. Modèle n° 4.

- Endos/ régulier translatif de propriété
- Endos/ de procuration
- Endos/ en blanc
- Acquit

tombent un dimanche, aucun paiement ne peut être exigé ni aucun protêt dressé, le lendemain de ces fêtes;

2° Lois des 13 juillet 1905 et 20 décembre 1906 : lorsque les fêtes légales tombent un vendredi ou un mardi, aucun paiement d'aucune sorte sur effet, mandat, chèque, compte courant, dépôt de fonds ou de titres, ou autrement, ne peut être exigé, ni aucun protêt dressé, le lendemain des fêtes tombant un vendredi, ou la veille des fêtes tombant un mardi.

3° Loi du 30 octobre 1909 : ARTICLE UNIQUE. — Lorsque la fête légale du 1ᵉʳ novembre (Toussaint) tombera un lundi, aucun paiement d'aucune sorte sur effet, mandat, chèque, compte courant, dépôt de fonds ou de titres, ou autrement, ne peut être exigé, ni aucun protêt dressé, le lendemain 2 novembre.

Toutefois, le protêt des effets impayés ne pouvant être dressé que le mercredi suivant, conservera toute sa valeur à l'égard du tiré et des tiers, nonobstant toutes dispositions antérieures contraires.

Tous les délais de grâce, de faveur, d'usage ou d'habitude locale, pour le paiement des lettres de change, sont abrogés (art. 135).

Les mois sont tels qu'ils sont fixés par le calendrier grégorien (art. 132). Les échéances par mois se comptent de quantième à quantième, sans tenir compte du nombre variable des jours.

Si le mois de l'échéance ne comporte pas de quantième correspondant, la lettre est payable le jour qui précède le jour manquant :

EXEMPLES

Du 28 février, à un mois : payable le 28 mars (et non pas le 31).
Du 15 février, à un mois : payable le 15 mars.
Du 31 janvier, à un mois : payable le 28 ou le 29 février.
Du 31 janvier, à trois mois : payable le 30 avril.

De l'endossement

(Voir Modèle n° 4, page 16.)

La propriété d'une lettre de change se transmet par la voie de l'endossement (art. 136).

L'endossement est *daté*.

Il exprime la *valeur fournie*.

Il énonce le *nom* de celui à l'ordre de qui il est passé (art. 137).

Si l'endossement n'est pas conforme aux dispositions de l'article 137, il n'est qu'une *procuration* et n'opère pas le transport (art. 138) de la propriété de la lettre.

Les mentions : **Valeur à l'encaissement, Valeur en recouvrement**, constituent des endossements à titre de procuration, car les cédants n'ont en réalité rien reçu de leurs cessionnaires : les endossataires sont uniquement chargés d'assurer le recouvrement de la lettre, comme mandataires du propriétaire réel.

Il est défendu d'antidater les ordres, sous peine de faux (art. 139). Les peines du faux en écriture sont appliquées ici, par dérogation au droit commun, car le fait d'antidater une lettre de change ne constitue pas un faux, mais un simple mensonge.

Forme de l'endossement

Payez à l'ordre de MM. Charles et Cⁱᵉ.
Valeur en marchandises.

                    Paris, le 3 novembre 1909.
                            Signé : Pierre.

Payez o/. Crédit Lyonnais.
Valeur reçue comptant.

                    Paris, le 10 novembre 1909.
                          Signé : Charles & Cⁱᵉ.

Comme son nom l'indique, l'endossement se met au verso de la lettre, en travers, en haut et à gauche. Les endossements se font suite, dans l'ordre des dates.

De même que pour la création, ou l'acceptation, il n'est pas nécessaire que l'endossement soit écrit de la main même de l'endosseur; la signature peut aussi être apposée par un fondé de pouvoirs.

La date de l'endos est très utile, car elle permet de déterminer :

1° L'ordre des endossements et par suite l'ordre des recours ;

2° Si l'endosseur était *capable* lors de l'endossement, c'est-à-dire si celui-ci a été fait avant ou après sa mise en faillite. Le failli, étant dessaisi de l'administration de ses biens, ne peut valablement endosser une lettre de change (art. 443).

Une espèce très répandue de l'endossement irrégulier est l'endossement *en blanc* qui est constitué par la simple signature de l'endosseur. Cet endossement permet au banquier, à qui une remise est faite, d'examiner les effets qui la composent et de ne conserver à l'escompte que ceux qui paraîtront lui offrir des garanties suffisantes. Il remplira à la griffe l'endossement à son ordre, au-dessus de la signature de l'endosseur et il aura alors entre les mains un titre parfaitement régulier. Il rendra les autres effets tels qu'ils lui auront été remis. Si l'endossement avait été régulier à la remise, ou régularisé de suite, les endos sur les effets non conservés devraient être biffés, ce qui pourrait rendre difficile leur négociation par une autre voie.

La législation française sur l'endossement est beaucoup plus rigoureuse que celle de la plupart des pays étrangers. Dans toute l'Europe, la simple signature de l'endosseur suffit pour transférer la propriété d'un titre à ordre.

L'endossement à titre de procuration permet au véritable propriétaire de la lettre de la révendiquer, en cas de faillite du porteur, conformément à l'article 574 du Code de commerce :

« Pourront être revendiquées, en cas de faillite, les remises en effets de commerce ou autres titres non encore payés, et qui se trouveront en nature dans le portefeuille du failli à l'époque de sa faillite, lorsque ces remises auront été faites par le propriétaire, avec le simple mandat d'en faire le recouvrement et d'en garder la valeur à sa disposition, ou lorsqu'elles auront été, de sa part, spécialement affectées à des paiements déterminés. »

Ces demandes en revendication sont admises par le syndic de faillite, après approbation du juge-commissaire (art. 579).

Enfin, il faut mentionner les deux paragraphes suivants de l'article 91 (L. 23 mai 1863) qui traitent de l'endossement à titre de gage :

« ...Le gage, à l'égard des valeurs négociables, peut aussi être établi par un endossement régulier, indiquant que les valeurs ont été remises en garantie.

« Les effets de commerce donnés en gage sont recouvrables par le créancier gagiste. »

Nous terminerons le chapitre de l'endossement en disant quelques mots des effets en *pension* (ou en *nourrice*) et des traites *documentaires*.

1° **Effets en pension.** — A Paris, quelques sociétés font souvent cette opération qui constitue un prêt sur effets de commerce. L'emprunteur remet, signés en blanc, au prêteur, un certain nombre d'effets provenant de son portefeuille, et accompagnés d'un bordereau stipulant dans quel but cette remise est faite. Par ce bordereau, appelé *aval*, le remetteur s'engage à reprendre les effets à une date déterminée, contre remboursement de la somme prêtée et de l'intérêt convenu.

Les effets donnés ainsi en garantie sont d'une échéance plus longue que le prêt. Cette opération se fait surtout pour quelques jours et elle est moins onéreuse pour l'emprunteur que l'escompte du papier ou le warrantage de marchandises.

La Banque de France ne reçoit pas d'effets en pension. Quelques banques étrangères font des avances (que l'on appelle « Lombards ») sur effets négociables, mais payables en dehors du pays.

(La Reichsbank en Allemagne ; la Niederlansche Bank, en Hollande, etc.)

2° **Traites documentaires.** — Lorsqu'un vendeur tire une

traite sur son acheteur, du montant des marchandises expédiées, s'il joint à cette traite, en l'escomptant à son banquier, le *document* qui sert de reçu à la marchandise envoyée (*un connaissement* par exemple), la lettre de change ainsi accompagnée d'un gage constitue une *traite documentaire*.

Le tiré ne pourra prendre livraison de la marchandise qu'après avoir payé la traite et retiré le connaissement qui y était joint.

De l'allonge

Il arrive quelquefois que la lettre de change est d'une longueur insuffisante pour contenir tous les endossements et que le verso de l'effet est complètement rempli. Le porteur peut alors inscrire son endossement dans le sens de la longueur, c'est-à-dire en travers des endos précédents, mais ce système a le grand inconvénient de rendre le verso illisible.

Il est beaucoup plus pratique de coller à l'extrémité de la lettre une bande de papier de même largeur et à y continuer la suite des endossements. Mais, pour éviter la perte de l'allonge ou une fraude quelconque, il est d'usage d'écrire sur le recto de l'allonge les renseignements suivants :

Ceci est pour servir d'allonge à une lettre de change de . . . . . francs, à l'échéance du . . . . . tirée le . . . . . par . . . . . à . . . . . , sur . . . . . à . . . . . à l'ordre de . . . . .

La loi est absolument muette au sujet de l'allonge, et les lignes qui précèdent sont simplement l'indication de ce qui peut se faire dans la pratique.

De la solidarité

Tous ceux qui ont signé, accepté ou endossé une lettre de change sont tenus à la garantie solidaire envers le porteur (art. 140). Cette garantie oblige à rembourser, outre le principal, les frais occasionnés par les poursuites.

L'article 140 est impératif, et la garantie de tous est absolue envers le porteur, si toutefois on ne peut lui opposer une déchéance provenant de sa négligence, ce que nous verrons au titre « paiement ».

Mais la solidarité peut être restreinte ou étendue, du fait du consentement des parties :

1º La solidarité envers le porteur cesse, ou est restreinte, lorsque la lettre de change a été négociée **sans garantie** ou **à forfait** ;

2º La solidarité peut être étendue, en durée, par la mention **sans frais.**

Dans les deux cas ci-dessus, la mention indiquée profite à celui qui l'a inscrite et aux endosseurs suivants qui l'ont répétée. Inscrite par le tireur, elle profite à tous les endosseurs de la lettre.

De l'aval

(Voir Modèle nº 3, page 12.)

Le paiement d'une lettre de change, indépendamment de l'acceptation et de l'endossement, peut être garanti par un aval (art. 141).

Cette garantie est fournie, par un tiers, sur la lettre même, ou par acte séparé. Le donneur d'aval est tenu solidairement et par les mêmes voies que les tireurs et endosseurs, sauf les conventions différentes des parties (art. 142).

L'aval (*faire valoir*) est donc un cautionnement donné par un tiers, non tenu au paiement de la lettre, pour l'un des signataires de la lettre : tireur, endosseur, accepteur.

Le *donneur d'aval fait un acte de commerce.*

L'aval s'exprime généralement par les mots :

Bon pour aval

ou :

Pour aval

ou encore :

Bon pour

suivis de la signature. La demande d'aval indique un doute sur la valeur de la lettre et sur la solvabilité des signataires.

Besoin

Le « besoin » ou « recommandataire » est un payeur éventuel que le tireur ou un endosseur indique sur la lettre de change comme pouvant payer en cas de besoin, c'est-à-dire en cas de refus de paiement du tiré.

L'indication d'un « besoin » a pour but d'éviter des frais de protêt en cas de non-paiement, et elle se donne près de la signature par les mots :

« Au besoin chez M......... »

Le « besoin » indiqué par le tireur signifie qu'au moment du tirage de la lettre, il n'était pas sûr que le tiré recevrait provision avant l'échéance. En dehors de cette raison, l'indication d'un « besoin » implique le manque de confiance dans la solvabilité du tiré.

Domiciliation

(Voir Modèle n° 1, page 7.)

La « domiciliation » d'un effet de commerce est l'indication de son paiement chez un tiers, généralement chez le banquier du tiré. Ce dernier n'est donc tenu que comme « mandataire » du tiré. La domiciliation s'indique sur le titre par une formule comprenant le nom et l'adresse du tiers chargé du paiement.

Par exemple :

A Monsieur COMBAT

Négociant à Aubervilliers.

Payable Société Générale, Agence S, à Paris

Faubourg Poissonnière

Du paiement de la lettre de change

Une lettre de change doit être payée dans la monnaie qu'elle indique (art. 143).

En France, le paiement des lettres portant une somme en *francs* doit être fait soit en billets de la Banque de France (L. 12 août 1870), soit en or, soit en pièces de 5 francs en argent.

La monnaie divisionnaire d'argent (pièces de 50 centimes 1 franc et 2 francs) ne peut être offerte en paiement que jusqu'à 50 francs (L. 14 juillet 1866). Par la loi du 30 décembre 1885, les pièces d'argent inférieures à 5 francs sont admises, pour toutes sommes, aux caisses publiques seulement.

Quant à la monnaie de bronze, elle ne peut que servir d'appoint à la pièce de 5 francs, c'est-à-dire être offerte jusqu'à 4f 95 (Déc. 18 août 1810).

Les paiements en argent sont réglementés par le décret de Napoléon Ier du 1er juillet 1810 (daté de Schœnbrünn), dont voici les dispositions essentielles :

« Dans les paiements en argent de 500 francs et au-dessus, le débiteur est tenu de fournir le sac et la ficelle (*passe de sacs*). Les sacs devront pouvoir contenir 1.000 francs ; ils seront en bon état, etc. La valeur des sacs sera payée par celui qui doit, à raison de 15 centimes par sac.

(*Un décret du 17 novembre 1852 a réduit ce droit à 10 centimes par sac.*)

« Le mode de paiement en sac et au poids ne prive pas celui qui reçoit de la faculté d'ouvrir les sacs, de vérifier et de compter les espèces en présence du payeur. »

Lettre de change en monnaie étrangère, payable en France.

Conformément à l'article 1243 du Code civil (*le créancier ne peut être contraint de recevoir une autre chose que celle qui lui est due, quoique la valeur de la chose offerte soit égale ou même plus grande*), le paiement *peut* être exigé dans la monnaie indiquée sur la lettre.

Par exemple, si la lettre de change est tirée en marks, ou en roubles, le porteur peut exiger du payeur français le versement de marks ou de roubles et refuser toute autre monnaie, même offerte à un taux avantageux ! Il est évident que, dans la pratique, ce refus ne se présente jamais.

Les effets étrangers peuvent porter certaines indications relatives au paiement et dont voici la signification :

1° **Marks payables au cours du change à vue sur Berlin.** — Dans ce cas, le porteur est obligé de recevoir le paiement en francs, au cours du change pratiqué la veille (cote officielle des agents). Il peut refuser tout autre mode de paiement.

2° **Roubles payables en un chèque de banque sur Moscou.** — Le porteur peut exiger qu'il lui soit remis un chèque sur Moscou. Mais son intérêt est d'accepter tout paiement en numéraire. En effet, s'il reçoit un chèque et que ce dernier soit impayé, il se trouvera avoir rendu acquittée la lettre de change et n'avoir entre les mains qu'une valeur illusoire. Le porteur doit donc exiger la délivrance d'un chèque sur une maison connue et il doit aussi en vérifier immédiatement la validité. Sans ces précautions, il peut se voir opposer, en cas de non-paiement du chèque, l'exception de *novation* par les endosseurs précédents (art. 1234 du Code civil : les obligations s'éteignent par le paiement, par la novation, par la remise volontaire, par la compensation, par la confusion, par la perte de la chose, par la nullité ou la rescision, par l'effet de la condition résolutoire et par la prescription).

Celui qui paie une lettre de change avant son échéance est responsable de la validité du paiement (art. 144).

Celui qui paie une lettre de change à son échéance et sans opposition est présumé valablement libéré (art. 145).

Le tiré qui paie une lettre de change doit se faire présenter le titre pour vérifier l'ordre des endossements, exiger l'acquit du porteur, et enfin, retirer le titre de la circulation.

L'acquit est daté lorsque la lettre est à vue ou à un certain délai de vue. Si la lettre est à échéance fixe, l'acquit peut n'être pas daté, sa date présumée étant celle de l'échéance. L'acquit affecte généralement la forme suivante.

Pour Acquit :

Paris, le   19

« Signature. »

Le porteur d'une lettre de change ne peut être contraint d'en recevoir le paiement avant l'échéance (art. 146).

Le paiement d'une lettre de change fait sur une seconde, troisième, etc., est valable, lorsque la seconde, troisième, etc., porte que ce paiement annule l'effet des autres (art. 147).

Celui qui paie une lettre de change sur une seconde, troisième, etc., sans retirer celle sur laquelle se trouve son acceptation, n'opère point sa libération à l'égard des tiers porteurs de son acceptation (art. 148).

Afin de donner à la lettre de change une grande valeur comme instrument de crédit et de paiement, la loi n'a reconnu que deux cas de non-paiement : il n'est admis d'opposition au paiement qu'en cas de perte de la lettre de change, ou de faillite du porteur (art. 149).

Perte d'une lettre de change. — En cas de perte d'une lettre de change non acceptée, celui à qui elle appartient peut en poursuivre le paiement sur une seconde, troisième, etc. (art. 150).

Si la lettre de change perdue est revêtue de l'acceptation, le paiement ne peut en être exigé sur une seconde, troisième, etc., que par ordonnance du juge, et en donnant caution (art. 151).

Par *ordonnance du juge*, il faut entendre un jugement du tribunal de commerce. Certains auteurs pensent qu'il suffit d'une décision rendue sur requête par le président ou par un juge du tribunal de commerce.

Si celui qui a perdu la lettre de change, qu'elle soit acceptée ou non, ne peut représenter la seconde, troisième, etc., il peut demander le paiement de la lettre perdue, et l'obtenir par l'ordonnance du juge, en justifiant de sa propriété par ses livres et en donnant caution (art. 152).

L'engagement de la caution est éteint après trois ans, si, pendant ce temps, il n'y a eu ni demandes ni poursuites juridiques (art. 155).

Cette limite de trois ans ne s'explique pas trop; car la prescription de la lettre étant de cinq ans, le tiré qui aura payé pourra être recherché pendant deux ans encore.

En cas de refus de paiement, sur la demande formée en vertu des deux articles précédents, le propriétaire de la lettre de change perdue conserve tous ses droits par un *acte de protestation*, qui diffère du protêt en ce qu'il ne contient pas la transcription de la lettre.

Cet acte doit être fait le lendemain de l'échéance de la lettre perdue.

Il doit être notifié aux tireur et endosseurs, dans les formes et délais prescrits pour la notification du protêt (art. 153).

Le propriétaire de la lettre de change égarée doit, pour s'en procurer une seconde, s'adresser à son endosseur immédiat, qui est tenu de lui prêter son nom et ses soins pour agir envers son propre endosseur; et ainsi, en remontant d'endosseur en endosseur, jusqu'au tireur de la lettre.

Le propriétaire de la lettre de change égarée supporte les frais (art. 154).

Les paiements faits à compte sur le montant d'une lettre de change sont à la décharge des tireur et endosseurs. Le porteur est tenu de faire protester la lettre, pour le surplus (art. 156).

Cette faculté de recevoir un paiement partiel est une dérogation à l'article 1244 du Code civil : « *Le débiteur ne peut point forcer le créancier à recevoir en partie le paiement d'une dette même divisible.* » Cette dérogation a sa raison d'être, car tout paiement, même partiel, fait au porteur, libère d'autant le tireur, les endosseurs et tous autres signataires de la lettre.

Les juges ne peuvent accorder aucun délai pour le paiement d'une lettre de change (art. 157).

Tous les délais d'usage ou de répit sont abrogés (art. 135) (1).

Du paiement par intervention

Une lettre de change *protestée* peut être payée par tout intervenant, pour le tireur ou pour l'un des endosseurs.

L'intervention et le paiement seront constatés dans l'acte de protêt ou à la suite de l'acte (art. 158).

Celui qui paie une lettre de change par intervention est *subrogé* aux droits du porteur, et tenu des mêmes devoirs pour les formalités à remplir.

Si le paiement par intervention est fait pour le compte du tireur, tous les endosseurs sont libérés.

S'il est fait pour un endosseur, les endosseurs subséquents (ceux qui suivent, qui viennent après) sont libérés.

S'il y a concurrence pour le paiement d'une lettre de change par intervention, celui qui opère le plus de libérations est préféré.

Si celui sur qui la lettre était originairement tirée, et sur qui a été fait le protêt faute d'acceptation, se présente pour le payer, il sera préféré à tous autres (art. 159).

Des droits et devoirs du porteur

Déchéance. — Le porteur d'une lettre de change tirée du continent et des îles de l'Europe ou de l'Algérie, et payable dans les possessions européennes de la France ou de l'Algérie, soit *à vue*, soit à un ou plusieurs jours, mois ou usances *de vue*, doit en exiger le paiement ou l'acceptation dans les **trois mois de sa date, sous peine de perdre son**

---

(1) Pendant la guerre 1914-1918, les échéances ont été prorogées périodiquement (Voir à ce sujet la brochure *Les Affaires, la Bourse, les Banques et la Guerre*, 2ᵉ édition, 2f 25, Berger-Levrault et Cⁱᵉ, éditeurs).

recours sur les endosseurs et même sur le tireur, si celui-ci a fait provision.

Le délai est de quatre mois pour les lettres de change tirées des États du littoral de la Méditerranée et de la Mer Noire, sur les possessions européennes de la France, et réciproquement du continent et des îles de l'Europe sur les établissements français de la Méditerranée et de la Mer Noire.

Le délai est de six mois pour les lettres de change tirées des États d'Afrique en deçà du cap de Bonne-Espérance et des États d'Amérique en deçà du cap Horn, sur les possessions européennes de la France, et réciproquement du continent et des îles de l'Europe sur les possessions françaises ou établissements français dans les États d'Afrique, en deçà du cap de Bonne-Espérance et dans les États d'Amérique en deçà du cap Horn.

Le délai est d'un an pour les lettres de change tirées de toute autre partie du monde sur les possessions européennes de la France, et réciproquement, du continent et des îles de l'Europe sur les possessions françaises et les établissements français dans toute autre partie du monde.

La même déchéance aura lieu contre le porteur d'une lettre de change à vue, mois ou usances de vue, tirée de la France, des possessions ou établissements français et payable dans les pays étrangers, qui n'en exigera pas le paiement ou l'acceptation dans les délais ci-dessus indiqués pour chacune des distances respectives. Les délais ci-dessus seront doublés en temps de guerre maritime, pour les pays d'outre-mer.

Les dispositions précédentes ne préjudicieront néanmoins pas aux stipulations contraires qui pourraient intervenir entre le preneur, le tireur et même les endosseurs (L. 3 mai 1862, art. 160).

Le porteur d'une lettre de change doit en exiger le paiement le jour de son échéance (art. 161).

Si le porteur de la lettre ne s'est pas présenté dans les trois jours qui suivent l'échéance, le débiteur est autorisé à déposer la somme à payer à la Caisse des dépôts et consignations, qui dresse un acte de dépôt. Le dépôt effectué, le débiteur ne sera tenu qu'à remettre l'acte de dépôt en échange du billet. La somme déposée sera remise à celui qui représentera l'acte de dépôt, sans autre formalité qu'une signature (L. 6 thermidor an III).

Contrairement à ce qui se passe en droit civil, le débiteur n'est donc pas tenu de faire les *offres réelles* prévues par les articles 1257 et 1258 du Code civil. Il lui suffit de *déposer* la somme due.

Le refus de paiement doit être constaté, le lendemain du jour de l'échéance, par un acte que l'on nomme *protêt faute de paiement*. Si ce jour est un jour férié légal, le protêt est fait le jour suivant (art. 162).

Il faut rapprocher de cet article les lois du 28 mars 1904, du 13 juillet 1905 et du 20 décembre 1906 (Voir au chapitre..... *de l'échéance de la lettre de change*).

L'huissier auquel est remis un effet impayé, et qui est chargé d'en dresser le protêt le lendemain, a le droit de préparer d'avance son exploit. Il peut par conséquent en réclamer les frais au tiré, qui doit les acquitter. Le refus du tiré de payer les frais, tout en offrant le paiement du principal, permet à l'huissier de dresser protêt, les offres étant insuffisantes.

Le porteur n'est dispensé du protêt faute de paiement, ni par le protêt faute d'acceptation, ni par la mort ou faillite de celui sur qui la lettre de change est tirée. Dans le cas de faillite de l'accepteur, avant l'échéance, le porteur peut faire protester et exercer son recours (art. 163).

La mention sans frais, ou toute autre équivalente, dispense le porteur de faire protester pour conserver son recours.

Le porteur ne fait alors dresser protêt que s'il le juge utile. Le *sans frais* est invocable *contre le tireur et les endosseurs* lorsque le *tireur* a lui-même mis cette mention et qu'elle a été répétée par les endosseurs ou que ceux-ci n'ont pas mis de mention contraire.

En général, elle est invocable *contre ceux qui l'ont mise* sur la lettre ou qui *l'ont répétée*.

Le *sans frais* est indirectement reconnu par la loi (voir plus loin l'article 8 de la loi du 5 juin 1850) et sa validité est certaine (En ce sens Lyon-Caen et Renault).

En dehors de la mention *sans frais* (Voir Modèle n° 4, page 16) le porteur n'est dispensé du protêt qu'en cas de force majeure : guerre, inondation, etc.

Le porteur d'une lettre de change protestée faute de paiement peut exercer son action en garantie, ou individuellement contre le tireur et chacun des endosseurs, ou collectivement contre les endosseurs et le tireur. La même faculté existe pour chacun des endosseurs, à l'égard du tireur et des endosseurs qui le précèdent (art. 164).

Si le porteur exerce son recours individuellement contre son cédant, il doit lui faire notifier le protêt et, à défaut de remboursement, le faire citer en jugement dans les quinze jours qui suivent la date du protêt, si la distance est inférieure à 5 myriamètres. Ce délai, à l'égard du cédant domicilié à plus de 5 myriamètres de l'endroit où la lettre de change était payable, est augmenté d'un jour par 5 myriamètres en plus (L. 3 mai 1862, art. 165).

Les lettres de change tirées de France et payables hors du territoire continental de la France, en Europe, étant protestées, les tireurs et endosseurs résidant en France sont poursuivis dans les délais ci-après :

1° *Un mois* pour celles qui étaient payables en Corse, en Algérie, dans les îles Britanniques, en Italie, dans le royaume des Pays-Bas et dans les États ou Confédérations limitrophes de la France ;

2° *Deux mois* pour celles qui étaient payables dans les autres États, soit de l'Europe, soit du littoral de la Méditerranée et de celui de la Mer Noire ;

3° *Cinq mois* pour celles qui étaient payables hors d'Europe, en deçà des détroits de Malacca et de la Sonde et en deçà du cap Horn ;

4° *Huit mois* pour celles qui étaient payables au delà des limites indiquées ci-dessus.

Ces délais seront observés dans les mêmes proportions pour le recours à exercer contre les tireurs et endosseurs résidant dans les possessions françaises, hors de la France continentale.

Les délais ci-dessus seront doublés, pour les pays d'outremer, en cas de guerre maritime (L. 3 mai 1862, art. 166).

Si le porteur exerce son recours collectivement contre les

endosseurs et le tireur, il jouit, à l'égard de chacun d'eux, du délai indiqué ci-dessus.

Chacun des endosseurs a le droit d'exercer le même recours, ou individuellement, ou collectivement, dans le même délai.

A leur égard, le délai court du lendemain de la date de la citation en justice (art. 167).

Après l'expiration des délais prescrits :
1° Pour la présentation de la lettre de change à vue, à un ou plusieurs jours, mois ou usances de vue;
2° Pour le protêt faute de paiement;
3° Pour l'exercice de l'action en garantie, le porteur de la lettre de change est déchu de tous droits contre les endosseurs (art. 168).

Les endosseurs sont également déchus de toute action en garantie contre leurs cédants, après les délais prescrits, chacun en ce qui le concerne (art. 169).

La même déchéance a lieu contre le porteur et les endosseurs, à l'égard du tireur lui-même, si ce dernier justifie qu'il y avait provision à l'échéance de la lettre de change.

Le porteur, en ce cas, ne conserve d'action que contre celui sur qui la lettre était tirée (art. 170).

Les effets de la déchéance cessent en faveur du porteur, contre le tireur, ou contre celui des endosseurs qui, après l'expiration des délais fixés pour le protêt, la notification du protêt ou la citation en jugement, a reçu par compte, compensation ou autrement, les fonds destinés au paiement de la lettre de change (art. 171).

Indépendamment de l'action en garantie, le porteur d'une lettre de change protestée faute de paiement peut, en obtenant la permission du juge, saisir conservatoirement les effets mobiliers des tireurs, accepteurs et endosseurs (art. 172).

DES PROTÊTS

(Voir Modèle n° 5, page 34.)

On distingue deux sortes de protêts : le protêt faute d'acceptation et le protêt faute de paiement. Leur nom indique suffisamment leur objet. Ils sont soumis aux mêmes formalités, mais diffèrent en ce qu'aucun délai n'existe pour le protêt faute d'acceptation.

Les protêts faute d'acceptation ou paiement sont faits par un *notaire* ou un *huissier*, sans adjonction de témoins (Décr. 23 mars 1848). En pratique, ils sont toujours faits par un huissier.

Le protêt doit être fait par un seul et même acte :

1° Au domicile de celui sur qui la lettre de change était payable, ou à son dernier domicile connu ;

2° Au domicile du tiers qui a accepté par intervention.

(Un arrêt du 17 avril 1872 de la Cour de cassation a décidé que, contrairement à un paragraphe de l'article 173, il n'était pas nécessaire de faire le protêt au domicile des *besoins* indiqués par les *endosseurs*.)

En cas de fausse indication de domicile, le protêt est précédé par un *acte de perquisition* (art. 173).

L'acte de protêt contient :

1° La transcription littérale de la lettre de change, de l'acceptation, des endossements et des recommandations qui y sont indiquées ;

2° La sommation de payer le montant de la lettre de change.

Il énonce :

1° La présence ou l'absence de celui qui doit payer ;

2° Les motifs du refus de payer, et l'impuissance ou le refus de signer (art. 174).

Nul acte, de la part du porteur de la lettre de change, ne peut suppléer l'acte de protêt, hors les cas prévus pour la perte de la lettre de change (art. 175) où l'on fait dresser un *acte de protestation*.

Les notaires et les huissiers sont tenus, sous peine de destitution, dépens, dommages-intérêts envers les parties, de laisser copie exacte des protêts, sous enveloppe fermée,

LES EFFETS DE COMMERCE

Du 2 Septembre 1909

ÉTUDE
DE
Mᵉ _____
Huissier

à _____

PROTÊT

Enregistré à _____
le quatre Septembre 1909
folio 180 c. 193
Reçu un franc vingt-
cinq centimes, décimes
compris.

Coût :
Protêt 5.20
Enreg¹ effet 63
Voyage . . . . . .
Soixantième 60
Pli fermé . . . . .
Total . . . 6,45

BANQUE DE FRANCE
BUREAU DE FOURMIES

Paris le 20 Août 1909 B.P.F. 90² à fin août prochain il vous plaira payer à l'ordre du Crédit Lyonnais la somme de quatre-vingt-dix francs. Valeur pour solde de notre facture de ce jour. Mᵉ Antoine Rochemond Signé M. & Mᵈ L. Parthenay & Cⁱᵉ Négⁿᵗˢ à Fourmies Endos. Cl. Banque de France Valeur reçue comptant Valenciennes le 28 août 1909, Crédit Lyonnais B.P. S'Berger. Sait l'acquit

L'An mil neuf cent neuf ___ le deux Septembre
A la requête de MM. les Gouverneur et Régents de la Banque de France, dont le siège est à PARIS, RUE DE LA VRILLIÈRE, N° 3, poursuites et diligences de Monsieur le Directeur de la succursale de ladite Banque, sise à MAUBEUGE, y domicilié
J'ai, _____ Huissier près le Tribunal civil de _____ soussigné, muni de l'effet sus-copié non payé lors de sa présentation. Sommé d'en verser le montant et les frais du présent protêt
Monsieur L. Parthenay & Cⁱᵉ Négⁿᵗˢ _____
en leur domicile où étant et parlant à la personne de l'un d'eux,

Laquelle m'a répondu qu'il n'est pas d'accord et qu'il y a erreur d'échéance du tireur sur le dit effet.

J'ai protesté contre ce refus de payer et laissé copie de ce qui précède à _____ répondant qui n'a pu consentir à signer, — et ce sous enveloppe fermée avec le cachet de l'étude apposé sur la fermeture du pli et l'a-dresse de la partie transcrite d'autre part conformément à la loi.
Coût : Six francs 43 centimes
Employé pour la copie une feuille de timbre spécial à soixante centimes.

— Modèle n° 5.

et de les inscrire en entier, jour par jour et par ordre de dates, dans un registre particulier, coté et paraphé (art. 176).

Ils sont tenus, en outre, par la *Loi du 22 décembre 1906*, sous peine de dommages-intérêts, lorsque l'effet indiquera les nom et domicile *du tireur*, ou du *premier endosseur*, de prévenir ceux-ci, dans les *quarante-huit heures* qui suivent l'enregistrement, par lettre recommandée, des motifs du refus de payer. Cette lettre donne lieu, au profit du notaire ou de l'huissier, à un honoraire de 25 centimes, en sus des frais d'affranchissement et de recommandation.

L'acte de protêt est *enregistré* au droit de 50 centimes pour 100 francs, plus 2 décimes et demi, soit un total de 625 millimes pour 100 francs (soit 0,125 par 20 francs ou fraction de 20 francs).

Frais de protêt faute de paiement

Original	1f 25
Copie	0 35
Timbres (timbres de protêt et timbre de registre)	1 80
Enregistrement	1 25
Transcription	0 75
Répertoire	0 10
Lettre recommandée	0 65
Pli	0 10
	6f 25

A ces frais, il faut encore ajouter :

Enregistrement de l'effet (0,625 %).
Frais de transport (suivant la distance).

DU RECHANGE

On appelle *rechange* l'opération effectuée par un porteur impayé, lorsqu'il tire une *retraite* (art. 177).

La *retraite* est une nouvelle lettre de change au moyen

de laquelle le *porteur* se rembourse sur le *tireur*, ou sur l'un des *endosseurs*, du principal de la lettre protestée, de ses frais et change, s'il y a lieu. L'ensemble de ce bordereau s'appelle *compte de retour;* on joint au compte de retour la lettre protestée et l'acte de protêt.

Les articles 178 et 179 du Code de commerce ont été remplacés *provisoirement,* et les articles 180, 181, 186, suspendus *provisoirement,* par un décret du 24 mars 1848 qui a modifié ainsi qu'il suit la réglementation du *rechange*. (Nous donnons le texte de ce décret. On admet généralement qu'il est toujours en vigueur, car il n'a été ni rapporté ni abrogé.)

Décret du 24 mars 1848

Le gouvernement provisoire, considérant les abus du compte de retour qui pèsent sur le commerce et qui, dans les circonstances actuelles surtout, aggraveraient ses charges, décrète :

« *Provisoirement les articles 178 et 179 du Code de commerce sont modifiés de la manière suivante* :

« Article 178. — *La retraite comprend, avec le borde-*
« *reau détaillé (ou compte de retour) et signé du tireur seu-*
« *lement et transcrit au dos du titre :*

« *1° Le principal du titre protesté;*

« *2° Les frais de protêt et de dénonciation s'il y a lieu;*

« *3° Les intérêts de retard;*

« *4° La perte de change;*

« *5° Le timbre de la retraite qui sera soumis (au droit fixe*
« *de $0^f 35$). Ce droit fixe de $0^f 35$ a été supprimé par l'article 1*
« *de la loi du 5 juin 1850 qui a prescrit l'application du*
« *timbre proportionnel de $0^f 05$ par 100 francs* ([1]).

« Article 179. — *Le rechange se règle, pour la France*
« *continentale, uniformément comme suit : un quart pour*
« *cent sur les chefs-lieux de département; un demi pour*
« *cent sur les chefs-lieux d'arrondissement ; trois quarts*
« *pour cent sur toute autre place.*

([1]) *Actuellement* : 0,20 % (Loi du 31 décembre 1917, art. 18).

« *En aucun cas, il n'y aura lieu à rechange dans le
« même département.*
« *Les changes étrangers et ceux relatifs aux possessions
« françaises en dehors du continent, sont ceux régis par les
« usages du commerce.* »

Il ne peut être fait plusieurs comptes de retour sur une même lettre de change.

Le compte de retour est remboursé d'endosseur à endosseur, respectivement, et définitivement par le tireur (art. 182).

Les rechanges ne peuvent pas être cumulés. Chaque endosseur n'en supporte qu'un seul, ainsi que le tireur (art. 183).

L'intérêt du principal de la lettre de change protestée faute de paiement est dû à compter du jour du protêt (art. 184).

L'intérêt des frais de protêt, rechange et autres frais légitimes, n'est dû qu'à compter du jour de la demande en justice (art. 185).

Rappelons que le taux d'*intérêt légal* à appliquer en matière commerciale est de 5 %, (L. 7 avril 1900) (1).

Enfin, il peut être interdit au porteur de faire une retraite, par l'une des mentions sans compte de retour ou protêt simple, qui sont équivalentes.

La validité de la mention *sans compte de retour* est identique à celle du *sans frais*:

1° Mise par le tireur, elle oblige tous les endosseurs qui l'ont répétée ou qui n'ont pas mis de mention contraire;

---

(1) Les divers taux d'intérêt sont :
Au civil { Intérêt légal : 4 %, loi du 7 avril 1900.
{ Intérêt conventionnel : 5 %, loi du 3 septembre 1870.
Au commercial { Intérêt légal : 5 %, loi du 7 avril 1900.
{ Intérêt conventionnel : illimité, loi du 12 janvier 1886.

Nouveaux taux fixés par la Loi du 18 avril 1918.

Au civil. { Intérêt légal : 5 %.
{ Intérêt conventionnel : illimité.
Au commercial. { Intérêt légal : 6 %.
{ Intérêt conventionnel : illimité.
Algérie { Intérêt légal : 6 %.
(civil et commercial). { Intérêt conventionnel : illimité.

Les dispositions ci-dessus sont applicables pendant la durée de la guerre et pendant une période qui ne pourra être inférieure à cinq années après la cessation des hostilités.

2° Mise par un endosseur, elle engage cet endosseur et les suivants qui l'ont répétée ou qui ne s'y sont pas opposés par une mention contraire.

REMARQUE. — La création d'une lettre de change est un acte essentiellement commercial par lui-même (art. 632, Code comm.). Toute personne qui participe à sa circulation et y appose sa signature fait un acte de commerce, qu'elle soit ou non commerçante.

Le tireur, les endosseurs, l'accepteur et le porteur sont donc justiciables du tribunal de commerce.

La compétence du tribunal de commerce ne peut même pas être écartée si la lettre de change a eu pour cause et pour objet le paiement de marchandises fournies pour les besoins d'une industrie illicite (Rouen, 14 janvier 1899; Recueil Dalloz 1901).

L'autorisation donnée par le débiteur non commerçant, à son créancier, de tirer sur lui une lettre de change, rend le débiteur justiciable du tribunal de commerce, même si aucune acceptation ne figure sur l'effet (Paris, 29 nov. 1899; Recueil Dalloz 1900).

DU BILLET A ORDRE

Formule générale

(Voir Modèle n° 6, page 40.)

Définition. — Le billet à ordre est un écrit par lequel le *souscripteur* s'engage à payer, dans un délai donné, à l'*ordre d'un bénéficiaire*, une certaine somme.

Prescriptions légales. — Toutes les dispositions relatives aux lettres de change et concernant : l'échéance, l'endossement, la solidarité, l'aval, le paiement, le paiement par intervention, le protêt, les devoirs et droits du porteur, le rechange ou les intérêts, sont applicables aux billets à ordre (art. 187).

Le billet à ordre doit être daté.

Il énonce :

La somme à payer ;

Le nom de celui à l'ordre de qui il est souscrit ;

L'époque à laquelle le paiement doit s'effectuer ;

La valeur qui a été fournie, en espèces, en marchandises, en compte, ou de toute autre manière (art. 188).

Lorsque les billets à ordre ne porteront que des signatures d'individus non négociants, et n'auront pas pour occasion des opérations de commerce, trafic, change, banque ou courtage, le tribunal de commerce sera tenu de renvoyer au tribunal civil, s'il en est requis par le défendeur (art. 636).

Les billets souscrits par un commerçant seront censés faits pour son commerce, lorsqu'une autre cause n'y sera point énoncée (art. 638, II°).

Enfin, lorsque le billet à ordre est payable dans un lieu autre que celui où il a été souscrit, il prend le nom de *billet*

BILLET À ORDRE

Modèle n° 6

RUEIL, le 5 février 1910   B.P.F.

Au trente un Mars prochain, nous ferons à l'ordre de Monsieur Couteil à Paris la somme de ~~~~~~~~~~~~
Valeur reçue en marchandises

N°

à Messieurs F. Antoine & Cie
Nég.ts à Rueil (S.-O.)

F. ANTOINE & Cie
Négociants
à RUEIL (S. & O.)

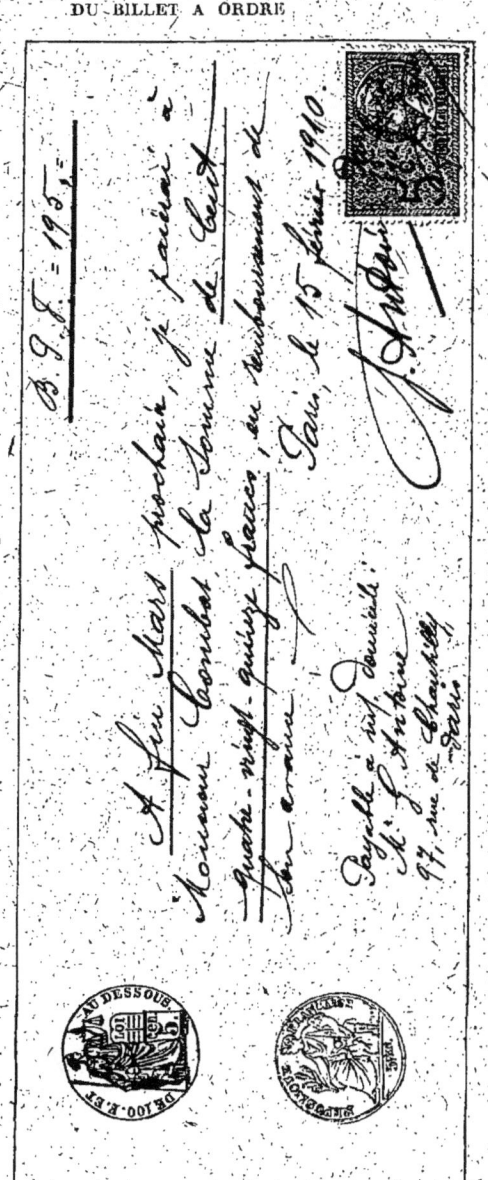

à domicile. Toutes les prescriptions précédentes s'appliquent au billet à domicile.

Du billet simple

Le billet simple est un billet à ordre incomplet, dans lequel manque la mention « à ordre ». Ce n'est pas un effet de commerce, mais un engagement civil (Voir Modèle n° 7, page 41).

DE LA PRESCRIPTION
DES EFFETS DE COMMERCE

Toutes actions relatives aux lettres de change et à des billets à ordre souscrits par des négociants, marchands ou banquiers, ou pour faits de commerce, se prescrivent par cinq ans, à compter du jour du protêt (ou du jour où le protêt aurait dû être fait : *Cassation, 16 novembre 1853*), ou de la dernière poursuite judiciaire, s'il n'y a pas eu condamnation, ou si la dette n'a pas été reconnue par acte séparé.

A défaut de présentation ou de protêt, pour les lettres et billets payables *à vue*, la prescription court du lendemain du jour de l'expiration du délai (*Cassation, 1er juillet 1845*).

Néanmoins, les prétendus débiteurs seront tenus, s'ils en sont requis, d'affirmer, sous serment, qu'ils ne sont plus redevables. Leurs veuves, héritiers ou ayants cause doivent affirmer, de même, qu'ils estiment de bonne foi qu'il n'est plus rien dû (art. 189).

Quand le *souscripteur* du *billet à ordre* n'est pas commerçant ou n'a pas souscrit le billet pour une cause commerciale, la prescription est de **trente ans**.

CONDITIONS FISCALES
DES EFFETS DE COMMERCE

Les obligations fiscales auxquelles sont soumis les effets de commerce ne sont pas codifiées. Elles se trouvent disséminées dans différentes lois promulguées soit avec le budget, soit en d'autres circonstances.

Nous allons passer rapidement en revue, par ordre chronologique, celles qui sont en vigueur actuellement.

Loi du 13 brumaire an VII

Art. 1. — *La contribution du timbre est établie sur tous les papiers destinés aux actes civils et judiciaires et aux écritures qui peuvent être produites en justice et y faire foi.*

Art. 2. — *.....; la seconde est le droit de timbre créé pour les effets négociables ou de commerce, et gradué en raison des sommes à exprimer, sans égard à la dimension du papier.*

Art. 7. — *Les citoyens qui voudront se servir de papiers autres que ceux de la régie, ou de parchemin, seront admis à les faire timbrer avant d'en faire usage.*

Art. 14. — *Sont assujettis au droit de timbre, en raison des sommes et valeurs, les billets à ordre ou au porteur, les prescriptions, mandats, etc., et tous autres effets négociables ou de commerce, même ceux faits en France et payables à l'étranger.*

Art. 21. — *L'empreinte du timbre ne pourra être couverte d'écriture ni altérée.*

Art. 26. — *Toute contravention à l'article 21 entraîne une amende de 15 francs.*

Loi du 24 mai 1834

Art. 23. — « *Aucun notaire ou huissier ne pourra protester un effet non écrit sur papier du timbre prescrit, ou non visé pour timbre, sous peine de supporter personnellement une amende de 25 francs (avec les décimes) pour chaque contravention* ».

Loi du 5 juin 1850

(Modifiée par les lois des 19 février 1874, 22 décembre 1878, 29 juillet 1881.)

Art. 1. — *Le droit de timbre proportionnel sur les lettres de change, billets à ordre ou au porteur, mandats, retraites et tous autres effets négociables est fixé à* **5 centimes** *par chaque* **100 francs**, *ou fraction de* **100 francs** (1).

Art. 2. — *Celui qui reçoit du souscripteur un effet non timbré est tenu de le faire viser pour timbre, dans les quinze jours de sa date, et avant toute négociation. Ce visa sera soumis à un droit de 15 centimes pour 100 francs ou fraction de 100 francs, aux frais du souscripteur* (1).

Art. 3. — *Les effets venant de l'étranger, et payables en France, seront, avant qu'ils puissent y être négociés, acceptés ou acquittés, soumis au timbre, d'après la quotité fixée par l'article 1.*

Art. 4. — *En cas de contravention aux articles précédents, le souscripteur, l'accepteur, le bénéficiaire ou premier endosseur de l'effet non timbré ou non visé pour timbre, seront passibles d'une amende de* 6 % (*plus deux dixièmes et demi, soit en tout* 7f 50 %).

Si la contravention ne consiste que dans l'emploi d'un

---

(1) Modifié par la loi du 31 décembre 1917.

timbre inférieur à celui qui devait être employé, l'amende ne portera que sur la somme pour laquelle le droit n'a pas été payé.

Art. 5. — Le porteur d'une lettre de change non timbrée, ou non visée pour timbre, n'aura d'action, en cas de non-acceptation, que contre le tireur. En cas d'acceptation, il aura seulement action contre l'accepteur et contre le tireur, si ce dernier ne justifie pas qu'il y avait provision à l'échéance. Le porteur de tout autre effet sujet au timbre, et non timbré ou non visé pour timbre, n'aura d'action que contre le souscripteur.

Toutes stipulations contraires sont nulles.

Art. 6. — Les contrevenants seront soumis solidairement au paiement du droit de timbre et des amendes prononcées par l'article 4.

Le porteur fera l'avance de ce droit et de ces amendes, sauf son recours contre ceux qui en seront passibles.

Ce recours s'exercera devant la juridiction compétente pour connaître de l'action en remboursement de l'effet.

Art. 7. — Il est interdit à toutes personnes, à toutes sociétés, à tous établissements publics, d'encaisser ou de faire encaisser, pour leur compte ou pour le compte d'autrui, même sans leur acquit, des effets de commerce non timbrés ou non visés pour timbre, sous peine d'amende de 6 °/₀ du montant des effets encaissés.

Art. 8. — Toute mention ou convention de retour sans frais, soit sur le titre, soit en dehors du titre, sera nulle, si elle est relative à des effets non timbrés ou non visés pour timbre.

Art. 9. — Les dispositions de la présente loi sont applicables aux lettres de change, billets à ordre ou autres effets souscrits en France et payables hors de France.

Art. 10. — Les deuxièmes, troisièmes, etc., ou duplicata de lettres de change sont exempts du droit de timbre.

Toutefois si la première, timbrée ou visée, n'est pas jointe à celle mise en circulation, et destinée à recevoir les endossements, le timbre, ou visa pour timbre, devra toujours être apposé sur cette dernière, sous les peines prescrites par la présente loi.

Loi du 11 juin 1859

Art. 21. — Ceux qui auront sciemment employé, vendu ou tenté de vendre des timbres mobiles ayant déjà servi, seront poursuivis devant le tribunal correctionnel et punis d'une amende de 50 francs à 1.000 francs. En cas de récidive, la peine sera d'un emprisonnement de cinq jours à un mois et l'amende sera doublée. Il pourra être fait application de circonstances atténuantes.

Loi du 20 décembre 1872

Art. 3. — Les lettres de change, billets à ordre, mandats ou traites, tirés de l'étranger sur l'étranger, et circulant en France, seront assujettis à un droit de timbre proportionnel fixé à **50** centimes par 2.000 francs, ou fraction de 2.000 francs.

Ces effets pourront être valablement timbrés au moyen des timbres mobiles en usage en France. Les timbres seront employés à raison de leur quotité seulement, et non des sommes qu'ils indiquent.

Loi du 31 décembre 1917

Art. 18. — Le tarif du droit proportionnel de timbre établi par l'article 1 de la loi du 5 juin 1850, et applicable aux effets négociables ou de commerce autres que ceux tirés de l'étranger sur l'étranger et circulant en France, ainsi qu'aux écrits visés par l'article 4 de la loi du 19 février 1874, est fixé à **20** centimes par 100 francs ou fraction de 100 francs.

Le droit proportionnel de 15 centimes par 100 francs prévu au second alinéa de l'article 2 de la loi du 5 juin 1850 est porté à **60** centimes par 100 francs ou fraction de 100 francs.

Toutefois, les effets négociables ou de commerce souscrits

en France, tirés sur l'étranger et payables hors de France, resteront soumis au droit de timbre d'après le tarif édicté par la loi du 5 juin 1850.

Tous ces textes sont suffisamment explicites, et leur observation ne doit nécessiter aucune difficulté. Nous compléterons néanmoins le chapitre de la fiscalité par quelques conseils pratiques.

Annulation des timbres mobiles

A) Elle peut être faite à la main, en complétant à l'*encre noire* les indications portées sur les timbres. Chaque timbre doit être annulé et signé séparément.

B) L'annulation peut se faire aussi à l'aide d'une griffe dont l'empreinte doit être déposée à l'administration du timbre. La griffe doit être encrée à l'encre *noire grasse*. Elle doit indiquer la raison sociale, l'adresse et la date d'oblitération.

Position du timbre mobile

A) *Effets français.* — Il est d'usage d'apposer les timbres au bas de la lettre, dans le coin inférieur droit. La date d'annulation doit être *celle de la création* de la lettre.

B) *Effets étrangers.* — Le premier endosseur français doit apposer le timbre proportionnel avant de passer la lettre à l'ordre d'un tiers, c'est-à-dire immédiatement au-dessous de l'endossement à son ordre. La date d'annulation du timbre peut être mise de suite ou simplement au moment de la négociation.

C) Un effet tiré de l'étranger et présenté à l'acceptation en France, avant endossement, doit être timbré au *recto* et *à gauche*, et annulé *par l'accepteur* français, qui appose ensuite au-dessous la mention « accepté ».

Toutes les prescriptions précédentes sont à appliquer rigoureusement, car des timbres insuffisants, mal oblitérés, maculés, exposent à des amendes qui, cumulées, finissent par se monter à des sommes très importantes atteignant jusqu'à 22f50 °/₀, pour un effet accepté (L. 5 juin 1850, art. 4), auxquelles il faut ajouter les déchéances prévues par la même loi.

Remarque sur les timbres maculés

Le but poursuivi par le législateur a été de punir tout fait qui tendrait à dénaturer la physionomie des empreintes *au point de ne plus pouvoir reconnaître si le papier n'est pas frappé d'un faux timbre.*

D'après cette interprétation, l'administration de l'enregistrement et du timbre ne considère pas comme une contravention à l'article 21 de la loi de brumaire :

1° Quelques lignes d'écriture couvrant le timbre sec ;
2° Quelques mots ou chiffres tracés par mégarde sur les empreintes.

Néanmoins, malgré cette tolérance qui peut varier avec chaque ministre des finances, il faut, comme nous le disions plus haut, éviter soigneusement de rendre illisibles les chiffres indiquant la valeur des timbres.

Les droits prévus par les textes précités peuvent être acquittés de trois façons :

1° Par le timbrage à l'extraordinaire, qui se compose d'une empreinte circulaire à l'encre grasse indiquant le montant du droit acquitté et d'une empreinte sèche de même forme. Ces empreintes sont apposées d'avance sur les imprimés des commerçants par les soins de l'administration du timbre ;

2° Par la confection de l'effet sur du papier spécial vendu par l'État et timbré préalablement à l'extraordinaire. C'est le papier de la débite.

Nota. — Il ne faut ni écrire sur l'endroit des empreintes, ni les tacher sous peine d'amende (Voir textes et remarque précédents) ;

3° Par l'apposition d'un nombre suffisant de timbres mobiles. Ces timbres se trouvent chez les débitants, pour les sommes suivantes :

De 100 à 1.000 francs, par 100 francs (taxe de 0f20 à 2f00).
De 1.000 à 20.000 francs, par 1.000 francs (taxe de 2f00 à 40 francs).
De 20.000 à 60.000 francs, par 20.000 francs (taxe de 40 francs à 120 francs).

Remarque. — Les droits de timbre sur formules d'effets de commerce timbrées à l'extraordinaire, sur réquisition des particuliers, ne sont pas restituables lorsque les formules où les timbres sont abîmés. Il est de principe, en effet, que ce droit de timbre est essentiellement un impôt de consommation qui est définitivement acquis au Trésor, soit par l'emploi des papiers timbrés et des timbres mobiles, soit par l'apposition des empreintes sur les papiers présentés à la formalité du timbrage à l'extraordinaire.

DES WARRANTS

Lorsqu'un négociant dépose des marchandises dans un *Magasin général*, l'administration de cet établissement lui délivre un double titre :
1º Un **récépissé** *à ordre* de la marchandise, qui en est le titre de propriété transmissible ;
2º Un **warrant** également *à ordre* et transmissible par endossement, qui en est le titre de gage en cas d'emprunt.
Le warrant est un effet de commerce.

Nous allons passer rapidement en revue la législation relative aux Magasins généraux, utile à connaître pour bien saisir le mécanisme des opérations sur warrants.

Les Magasins généraux ont été créés par un décret du 21 mars 1848.
§ 1. Ils peuvent être ouverts par toute personne et par toute société commerciale, industrielle ou de crédit, en vertu d'une autorisation donnée par un arrêté du préfet, après avis de la chambre de commerce, à son défaut, de la chambre consultative, et à défaut de l'une ou de l'autre, du tribunal de commerce.
Le concessionnaire d'un Magasin général devra être soumis, par l'arrêté préfectoral, à l'obligation d'un cautionnement variant de 20.000 à 100.000 francs.
Les exploitants des Magasins généraux pourront prêter sur nantissement des marchandises à eux déposées, ou négocier les warrants qui les représentent (L. 31 août 1870).
§ 2. Les Magasins généraux reçoivent les matières premières, les marchandises et les objets fabriqués que les négociants et industriels veulent y déposer.
Les **récépissés** délivrés aux déposants énoncent leurs

nom, profession et domicile, ainsi que la nature de la marchandise déposée et les indications propres à en établir l'identité et à en déterminer la valeur.

A chaque *récépissé* de marchandises est annexé, sous le nom de warrant, un *bulletin de gage* contenant les mêmes mentions que le récépissé.

Les récépissés et les warrants peuvent être transférés par voie d'endossement, ensemble ou séparément.

L'*endossement du warrant*, séparé du récépissé, vaut nantissement de la marchandise au profit du cessionnaire du warrant.

L'*endossement du récépissé* transmet au cessionnaire le droit de disposer de la marchandise, à charge par lui, lorsque le warrant n'est pas transféré avec le récépissé, de payer la créance garantie par le warrant, ou d'en laisser payer le montant sur le prix de la vente de la marchandise.

L'endossement du récépissé et du warrant, transférés ensemble ou séparément, doit être daté.

L'endossement du warrant séparé du récépissé doit, en outre, énoncer le montant intégral, en capital et intérêts, de la créance garantie, la date de son échéance, et les nom, profession et domicile du créancier.

Le *premier* cessionnaire du warrant doit immédiatement faire transcrire l'endossement sur les registres du magasin, avec les énonciations dont il est accompagné. Il est fait mention de cette transcription sur le warrant.

Le porteur du récépissé séparé du warrant peut, même avant l'échéance, payer la créance garantie par le warrant.

Si le porteur du warrant n'est pas connu, ou si, étant connu, il n'est pas d'accord avec le débiteur sur les conditions auxquelles aurait lieu l'anticipation de paiement, la somme due, y compris les intérêts jusqu'à l'échéance, est consignée à l'administration du Magasin général, qui en demeure responsable, et cette consignation libère la marchandise.

A défaut de paiement à l'échéance, le porteur du warrant séparé du récépissé peut, huit jours après le protêt, et sans aucune formalité de justice, faire procéder à la vente publique, aux enchères et en gros, de la marchandise engagée.

Timbre mobile proportionnel de 0,25 c/o	**1ᵉʳ ENDOSSEMENT DU WARRANT**	Timbre de dimension	**1ᵉʳ ENDOSSEMENT DU RÉCÉPISSÉ**

BON pour transfert du présent Warrant, à l'ordre de M. ....

demeurant à ....

en garantie de la somme de ~~................~~

payable le ....

au domicile de M. ....

Vu pour transcription   Rouen, le 19

au registre nº .... fº ....

Rouen, le 19   (Signature du déposant.)

Le Préposé,   Le Contrôleur,

Livrez à l'ordre de M. ....

demeurant à ....

Rouen, le 19

(Signature du déposant.)

2ᵉ ENDOSSEMENT DU WARRANT

2ᵉ ENDOSSEMENT DU RÉCÉPISSÉ

Enregistrement : Droit fixe de 1f50.

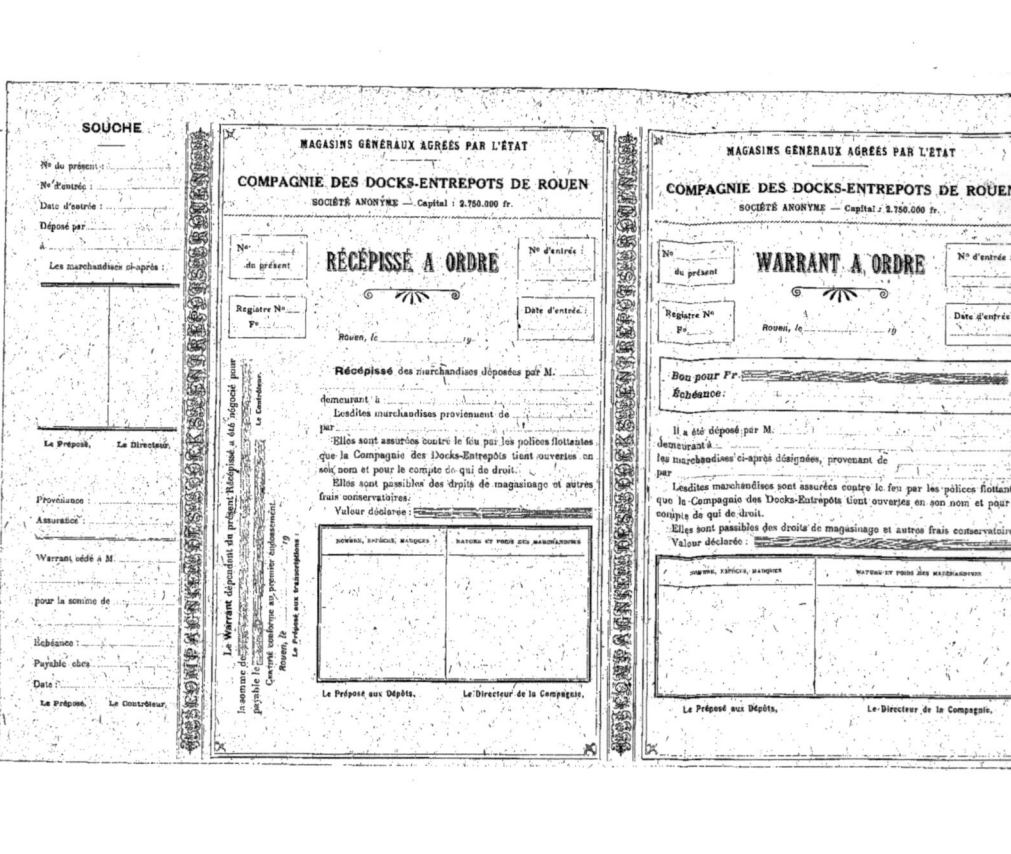

— Le porteur du warrant n'a de recours contre l'emprunteur et les endosseurs qu'après avoir exercé ses droits sur la marchandise, et en cas d'insuffisance.

Le porteur du warrant perd son recours contre les endosseurs, s'il n'a pas fait procéder à la vente dans le mois qui suit la date du protêt.

Les établissements de crédit peuvent recevoir les warrants comme effets de commerce, avec dispense d'une des signatures exigées par leurs statuts.

Celui qui a perdu un récépissé ou un warrant peut demander et obtenir, par ordonnance du juge, en justifiant de sa propriété et en donnant caution, un duplicata, s'il s'agit du récépissé; le paiement de la créance garantie, s'il s'agit du warrant (L. 28 mai 1858).

§ 3. L'article 13 de la loi du 28 mai 1858 a réglé les droits à acquitter par les warrants et les récépissés.

Le *récépissé* est soumis au *timbre de dimension*. Son enregistrement se fait au droit fixe de 1^f 50 (L. 18 févr. 1872).

Quant au *warrant*, endossé séparément du récépissé, il est soumis au droit de timbre de 5 centimes par 100 francs. Son enregistrement se fait au droit proportionnel de 50 centimes par 100 francs, plus 2 décimes 1/2, soit 0,625 °/₀. (*Droit de timbre porté à 0,20 °/₀ par l'article 18 de la loi du 31 décembre 1917. — Voir, pour les* Timbres-Taxes *et les* Timbres d'acquit, *le volume* « Taxes et Impôts nouveaux ».)

§ 4. Après la promulgation de la loi du 28 mai 1858, et pour se conformer à l'article 11, la Banque de France a établi un règlement pour l'escompte des warrants.

Ce règlement indique, par nature de marchandises, le nombre de signatures que doit porter le warrant présenté à l'escompte, ainsi que le montant pour cent du prêt qui pourra être consenti. Les warrants doivent être accompagnés d'un bordereau d'estimation des marchandises, fait sur papier timbré à 1 franc, et certifié par le déposant. Un warrant n'est bancable que s'il remplit toutes les conditions exigées par la Banque de France, et il est prudent de n'en pas accepter d'autres, car il serait difficile de les réescompter.

§ 5. La loi du 30 avril 1906 a créé les **warrants agricoles**, dont voici les principales caractéristiques :

Art. 1. — Tout agriculteur peut emprunter sur les produits agricoles ou industriels de son exploitation, qui ne sont pas immeubles, y compris les animaux, soit *en en conservant la garde*, soit *en confiant ce dépôt aux syndicats, comices et sociétés agricoles*. Le produit warranté reste, jusqu'au remboursement des sommes avancées, le gage du porteur du warrant.

Art. 2. — (De l'avis à donner au propriétaire du sol, lorsque l'emprunteur n'est que locataire.)

Art. 3. — Pour établir le *warrant*, le greffier de la justice de paix du canton où se trouvent les objets à warranter inscrira, d'après les déclarations de l'emprunteur, la nature, la quantité, la valeur et le lieu de situation des produits, le montant de l'emprunt, ainsi que les clauses et conditions arrêtées entre les parties. Toutes ces indications sont transcrites sur un registre spécial qui reste au greffe.

Art. 7. — La radiation de l'inscription sera opérée sur la justification, soit du remboursement de la créance garantie par le warrant, soit d'une mainlevée régulière.

L'emprunteur qui aura remboursé son warrant le fera constater au greffe de la justice de paix. L'inscription sera radiée d'office *après cinq ans*, si elle n'a pas été renouvelée avant ce délai.

Art. 8. — L'emprunteur conserve le droit de vendre les produits warrantés, à l'amiable et avant le paiement de la créance, mais la tradition à l'acquéreur ne peut être opérée que lorsque le créancier a été désintéressé.

Art. 9. — Les établissements de crédit peuvent recevoir les warrants agricoles comme effets de commerce, avec dispense d'une des signatures exigées par leurs statuts.

Art. 17. — Le warrant agricole est passible du droit de timbre des effets de commerce. L'enregistrement (0,50 %) ne deviendra obligatoire qu'en cas de vente opérée pour non-paiement.

Art. 18. — Le bénéfice de la présente loi s'applique aux ostréiculteurs.

(*L'article 18 de la loi de finances du 31 décembre 1917 a porté à 0,20 °/₀ le droit de timbre sur tous les effets négociables.*)

WARRANT HOTELIER

En vue de faciliter l'obtention du crédit aux hôteliers, la loi du 8 août 1913, complétée par celle du 17 mars 1915, a créé le *warrant hôtelier*. En voici les dispositions :

Principe. — Tout exploitant d'hôtel à voyageurs peut emprunter sur le mobilier commercial, le matériel et l'outillage servant à son exploitation, même devenus immeubles par destination, tout en en conservant la garde dans les locaux de l'hôtel.

Les objets servant de garantie à la créance restent, jusqu'au remboursement des sommes empruntées, le gage du prêteur et de ses ayants droit.

L'emprunteur est responsable desdits objets, qui demeurent confiés à ses soins, sans aucune indemnité opposable au prêteur ou à ses ayants droit.

Avis de l'emprunt doit être donné au propriétaire de l'immeuble, s'il y a lieu. Celui-ci peut faire opposition dans les quinze jours à partir de cette notification lorsque l'emprunteur n'a pas payé les loyers échus, six mois de loyers en cours et six mois de loyers à échoir. L'emprunteur peut obtenir mainlevée de l'opposition en acquittant les loyers précités.

Le tribunal de commerce tient registre des constitutions de gages par warrants hôteliers, et le warrant est délivré par le greffier de ce tribunal.

Transcription. — Le porteur doit, dans un délai de cinq jours, faire transcrire sur le registre le premier endossement.

L'escompteur et les réescompteurs d'un warrant sont tenus d'aviser, dans les huit jours, le greffier du tribunal de commerce, par pli recommandé, avec accusé de réception, ou verbalement contre récépissé de l'avis. Néanmoins, l'*emprunteur* peut, par une mention inscrite sur le warrant, dispenser l'escompteur de la formalité ci-dessus de l'avis.

Les établissements de crédit peuvent recevoir les warrants hôteliers comme effets de commerce, avec dispense d'une des signatures exigées par leurs statuts.

Le warrant est passible du droit de timbre des effets de commerce.

DU CHÈQUE

Formule générale
(Voir Modèle n° 8, page 57.)

Les chèques ont été créés en France par la loi du 14 juin 1865, modifiée par les lois du 23 août 1871, du 19 février 1874, du 30 décembre 1911, du 26 janvier 1917 et du 2 août 1917.

Description

Le chèque est l'écrit qui, sous la forme d'un mandat de paiement, sert au tireur à effectuer le retrait, à son profit ou au profit d'un tiers, de tout ou partie de fonds portés au crédit de son compte chez le tiré, et disponibles.

Il est signé par le tireur et porte la date du jour où il est tiré.

Il ne peut être tiré qu'à vue.

Il peut être souscrit au porteur ou au profit d'une personne dénommée.

Il peut être souscrit à ordre, et transmis même par voie d'endossement en blanc (L. 14 juin 1865, art. 1).

Les dispositions précédentes ont été complétées comme suit par l'article 5 de la loi du 19 février 1874 :

I. Le chèque indique le lieu d'où il est émis.

II. La date du jour où il est tiré est inscrite en toutes lettres et de la main de celui qui a écrit le chèque.

III. Le chèque, même au porteur, est acquitté par celui qui le touche ; l'acquit est daté.

IV. Toutes stipulations entre le tireur, le bénéficiaire ou le tiré, ayant pour objet de rendre le chèque payable autrement qu'à vue et à la première réquisition, sont nulles de plein droit.

Prescriptions légales diverses de 1865

Le chèque ne peut être tiré que sur un tiers ayant provision préalable; il est payable à présentation (art. 2).

Le chèque peut être tiré d'un lieu sur un autre, ou sur la même place (art. 3).

L'émission d'un chèque, même lorsqu'il est tiré d'un lieu sur un autre, ne constitue pas, par sa nature, un acte de commerce.

Toutefois, les dispositions du Code de commerce, relatives à la garantie solidaire du tireur et des endosseurs, au protêt et à l'exercice de l'action en garantie, en matière de lettres de change, sont applicables aux chèques (art. 4).

Le porteur d'un chèque doit en réclamer le paiement dans le délai de cinq jours, *y compris le jour de la date*, si le chèque est tiré de la place sur laquelle il est payable; et dans le délai de huit jours, *y compris le jour de la date* s'il est tiré d'un autre lieu.

Le porteur d'un chèque qui n'en réclame pas le paiement dans les délais ci-dessus *perd son recours contre les endosseurs*; il perd aussi son recours contre le tireur, si la provision a péri par le fait du tiré, après lesdits délais. (art. 5).

(*Les articles 6 et 7 de la loi de 1865 sont abrogés.*)

La loi du 23 août 1871 a établi un droit de timbre fixe de 10 centimes sur les chèques (art. 18, § 2).

Le même article de loi a spécifié que ce droit de timbre ne peut pas être acquitté par un timbre mobile, car *les chèques ne peuvent être remis à celui qui doit en faire usage, sans avoir été préalablement revêtus de l'empreinte du timbre à l'extraordinaire.*

Prescriptions résultant de la loi du 19 février 1874

Le tireur qui émet un chèque sans date ou non daté en toutes lettres, s'il s'agit d'un chèque de place à place; celui qui revêt un chèque d'une fausse date ou d'une fausse énonciation du lieu où il est tiré, est passible d'une *amende de 6 %* de la somme pour laquelle ce chèque est tiré, sans que cette amende puisse être inférieure à *100 francs*.

La même amende est due personnellement, et sans recours, par le premier endosseur, ou le porteur d'un chèque sans date, ou non daté en toutes lettres, s'il est tiré de place à place, ou portant une date postérieure à l'époque à laquelle il est endossé ou présenté.

Cette amende est due, en outre, par celui qui paie ou reçoit en compensation un chèque sans date, ou irrégulièrement daté, ou présenté au paiement avant la date d'émission.

Celui qui émet un chèque *sans provision préalable* et *disponible* est passible de la même amende, sans préjudice des peines correctionnelles, s'il y a lieu (art. 6) (¹).

Celui qui paie un chèque *sans exiger qu'il soit acquitté*, est passible, personnellement et sans recours, d'une *amende de 50 francs* (art. 7). Les chèques de *place à place* sont assujettis à un droit de timbre fixe de *20 centimes*. Les chèques *sur place* continueront à être timbrés à *10 centimes*, conformément à l'article 18 de la loi du 23 août 1871 (art. 8).

Sont applicables aux chèques de *place à place*, non timbrés conformément aux prescriptions ci-dessus, les dispositions pénales des articles 4 à 8 de la loi du 5 juin 1850 (*amende 6 % + 1,50 %; déchéances, défenses. Voir ces articles à propos du timbre des effets de commerce*).

Le droit de timbre additionnel peut être acquitté au moyen *d'un timbre-quittance de 10 centimes* (art. 8).

C'est à dessein que nous avons remplacé, dans le texte précédent, les mots *timbre mobile* par *timbre-quittance*, afin qu'il ne reste aucun doute dans l'esprit de nos lecteurs sur la nature du timbre à employer. Il ne faut pas se servir du timbre proportionnel de 10 centimes, car la loi du 19 février 1874 est à rapprocher de la loi du 23 août 1871 qui a créé un nouveau droit de 10 centimes pour les quittances et les chèques et un timbre spécial pour l'acquitter : mobile

---

(1) Voir page 68 (Loi du 2 août 1917).

pour les quittances et à l'extraordinaire pour les chèques. Ce droit, qui est un droit de quittance, étant doublé pour les chèques de place à place par la loi de 1874, c'est la vignette spéciale créée en 1871 qui doit être employée, puisque la loi nouvelle n'exige pas le timbrage à l'extraordinaire pour 20 centimes.

Toutes les dispositions législatives relatives aux chèques tirés de France sont applicables aux *chèques tirés hors de France* et *payables en France*. (Modèle n° 9, p. 61.)

Ces chèques devront, avant tout endossement en France, être timbrés avec deux timbres quittance de 10 centimes.

Si le chèque tiré hors de France n'a pas été timbré conformément aux dispositions ci-dessus, le bénéficiaire, le premier endosseur, le porteur ou le tiré sont tenus, sous peine de l'amende de 6 %, de le faire timbrer aux droits fixés ci-dessus, *avant tout usage en France*.

Si le chèque tiré hors de France n'est pas souscrit conformément aux dispositions de l'article 1 de la loi du 14 juin 1865 et de l'article 5 de la loi du 19 février 1874, il est assujetti aux droits de timbre des effets de commerce. Dans ce cas, le bénéficiaire, le premier endosseur, le porteur ou le tiré sont tenus de le faire timbrer avant tout usage en France, sous peine d'une amende de 6 %.

Toutes les parties sont solidaires pour le recouvrement des droits et amendes (art. 9).

Quant aux chèques *tirés et payables hors de France, et transitant seulement* en France, il faut décider, dans le silence de la loi à leur égard, *qu'ils n'ont aucun droit de timbre à acquitter*. En effet, la loi du 20 décembre 1872 qui a établi le *timbre de transit*, parle uniquement des effets spécifiés dans l'article 1 de la loi du 5 juin 1850, époque à laquelle le chèque n'existait pas en France. *Le droit de 0,05 %* ne peut pas non plus leur être appliqué, pour la même raison. Enfin, les lois des 23 août 1871 et 19 février 1874 spécifient très exactement la nature des chèques qu'elles frappent et ne mentionnent, ni l'une ni l'autre, les chèques étrangers circulant en France par voie d'endossement. Il y a donc lieu de n'apposer, sur ces chèques, aucun timbre. Cette opinion paraît, du reste, admise par la Direction générale du timbre, au ministère des finances.

DU CHÈQUE

PAY Mr **F.-J. COMBAT**

Or Order
Value in Account
Chicago, AVG, 5, 1909
Per pro The N.C. Bank of N.Y.

Manager

POUR ACQUIT
Paris, le **17 AOU 1909**

ENDOS D'UN CHÈQUE TIRÉ A L'ÉTRANGER ET PAYABLE EN FRANCE

Droit de timbre de 20 centimes, acquitté par le premier endosseur français avec deux timbres-quittances.

Modèle n° 9.

Enfin, nous indiquerons que les timbres-quittances à placer sur les chèques doivent être annulés comme il a été dit au sujet des timbres des effets de commerce. Le timbre complémentaire de 10 centimes se place *au recto*, et il est annulé par le tireur, à la date de création du chèque. Les deux timbres-quittances, prévus pour les chèques étrangers payables en France, se placent *au verso*, immédiatement après le dernier endossement étranger : ils sont annulés par le premier endosseur français, et à la date *de réception* du chèque.

La législation sur les chèques *suppose* des dépôts faits en banque, et des tirages faits par les déposants pour leurs règlements. Mais, comme cette pensée du législateur n'a pas été insérée dans les textes, quoiqu'elle ressorte bien dans l'article 18 de la loi du 23 août 1871, les commerçants peuvent effectuer au moyen de chèques leurs recouvrements *à vue*, pour les sommes importantes. Suivant une opinion généralement admise, ces tirages sont réguliers. (En ce sens, MM. Lyon-Caen et Renault admettent qu'il doit y avoir convention préalable entre le tireur et le tiré.) Il n'en serait pas de même du recouvrement par un chèque daté du *30 mars*, d'une facture annoncée payable *fin mars*; car la provision ne serait pas disponible au moment de *l'émission* du chèque. Ce tirage est irrégulier, même si le chèque n'est présenté qu'en avril.

En raison du délai très court accordé pour la présentation des chèques, des amendes et des déchéances qui s'ensuivent, il est urgent, dès réception d'un chèque, de contrôler attentivement sa confection, de vérifier sa date de création et d'en assurer le recouvrement immédiat s'il n'est pas périmé. S'il est périmé, il doit, ou être accepté sous les *plus expresses réserves*, ou refusé et retourné au cédant. Les législations étrangères ne sont pas toutes identiques à la nôtre, pour les chèques. Nous nous en occuperons, du reste, dans la quatrième partie de cet ouvrage.

Avant de terminer ce chapitre, nous devons mentionner un genre de chèque qui nous vient d'Angleterre : le *chèque barré*.

Du chèque barré

(Voir Modèle n° 12, page 67.)

Le *chèque barré* est ainsi nommé parce que le tireur a tracé, en travers du recto du libellé, deux barres parallèles.

A) Si le nom d'un banquier est inscrit entre ces deux barres, le chèque ne peut être encaissé que par le banquier ainsi désigné.

B) Ce chèque peut être revêtu de la mention *non négociable*. Il est encore transmissible par endossement, et n'est refusé au paiement que s'il est présenté par un inconnu ou un porteur suspect. Il a surtout pour but d'être admis en compensation.

C) Depuis 1894, sur l'initiative de l'Union syndicale des banquiers, beaucoup de banques remettent à leurs clients des carnets de *chèques barrés* portant, outre les deux barres transversales, la mention suivante : *Ce chèque étant barré, ne pourra, d'ordre formel du tireur, être encaissé que par un banquier ou un officier ministériel.*

Chèques barrés. — La loi du 30 décembre 1911 a consacré l'usage du chèque barré en France. En voici les dispositions :

Le chèque traversé de deux barres parallèles ne peut être présenté au paiement que par un banquier ; il ne peut être tiré que sur un banquier.

Le barrement peut être effectué par le tireur ou par un porteur.

Le barrement peut être général ou spécial. Le barrement est général, s'il ne porte entre les deux barres aucune désignation ou seulement la mention « et compagnie » ; il est spécial, si le nom d'un banquier est inscrit entre les deux barres.

Le barrement général peut être transformé en barrement spécial.

Le chèque à barrement spécial ne peut être présenté au paiement que par le banquier désigné. Toutefois, si celui-

CHÈQUE. — FORMULE DU COMMERCE POUR LES RECOUVREMENTS « A VUE »

Timbrage à 20 centimes pour tirage d'une ville sur une autre.

Modèle n° 10.

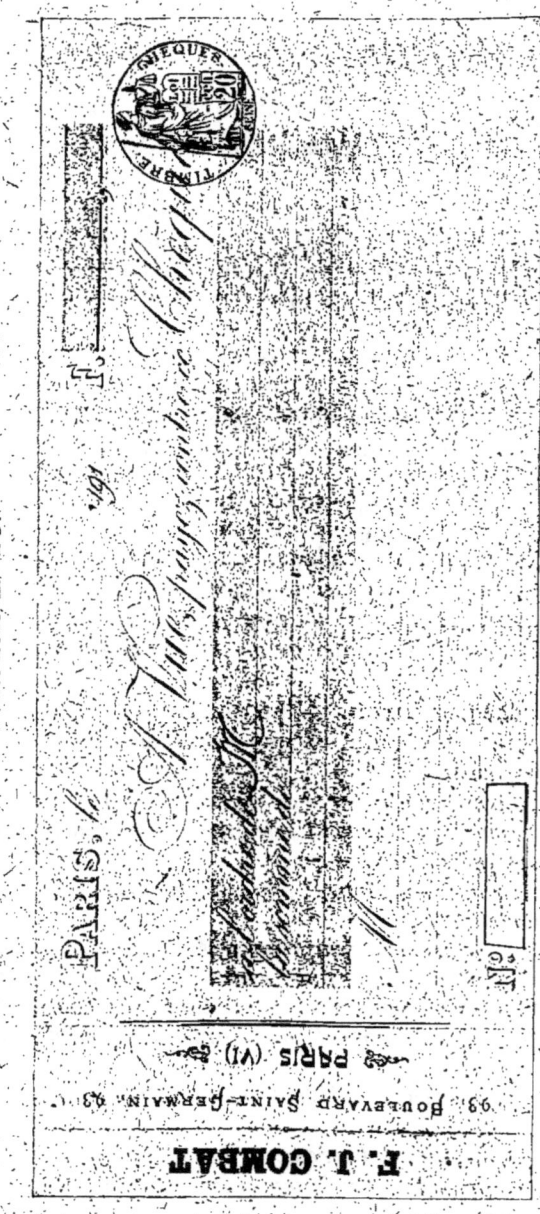

ci n'opère pas l'encaissement lui-même, il peut se substituer un autre banquier.

Il est interdit au porteur d'effacer le barrement, ainsi que le nom du banquier désigné.

Paiement du chèque barré. — Le tiré qui paie le chèque barré à une personne autre qu'un banquier, si le barrement est général, ou à une personne autre que le banquier désigné, si le barrement est spécial, n'est pas libéré.

Chèques barrés circulaires de la Banque de France. — Dès 1916, afin de propager l'habitude des règlements au comptant par chèques, la Banque de France a créé des *chèques barrés spéciaux*, à ordre, qu'elle délivre *gratuitement* et qui sont payables indifféremment dans n'importe quelle *succursale* ou *bureau auxiliaire*. Ces chèques ne supportent que le droit de timbre de 0f 20 et sont délivrés pour toute somme de 50 francs et au-dessus.

Dispositions diverses relatives aux chèques

(Loi du 26 janvier 1917.)

Domiciliation. — Lors de la présentation d'un chèque à l'encaissement, l'addition sur le chèque de la domiciliation pour paiement, soit à la Banque de France, soit dans une banque ayant un compte à la Banque de France, ne donnera ouverture à aucun droit de timbre.

Cette domiciliation ne pourra, au surplus, être faite contre la volonté du porteur, à moins que le chèque ne soit barré et que la domiciliation n'ait lieu à la Banque de France, sur la même place.

Provision insuffisante (Loi du 2 août 1917). — Si la provision est inférieure au montant du chèque, celui-ci produit tous les effets attachés au chèque régulier, jusqu'à concurrence de ladite provision [1].

Extension du régime des chèques. — Le décret du

---

[1] Voir page 59.

CHÈQUE — FORMULE DU COMMERCE

Timbrée à 10 centimes avec complément de timbre de 10 centimes (timbre-quittance).

Modèle n° 11.

Talon

DU CHÈQUE

FORMULE GÉNÉRALE DU CHÈQUE BARRÉ, EN FRANCE

Timbre de 10 centimes pour tirage sur la même ville.

Modèle n° 12.

15 janvier 1916 a rendu applicable aux colonies la loi du 30 décembre 1911 (chèques barrés) ; le décret du 5 avril 1918 a rendu applicables à l'Algérie les lois du 30 décembre 1911 et 2 août 1917.

Loi du 2 août 1917. — *Celui qui émet un chèque sans provision préalable et disponible* est passible de l'amende prévue à l'article 6 de la loi du 19 février 1874 [1].

Si la provision est inférieure au montant du chèque, l'amende ne porte que sur la différence entre le montant de la provision et le montant du chèque.

Celui qui a, de mauvaise foi, émis un chèque sans provision préalable et disponible, ou qui a retiré après l'émission tout ou partie de la provision, est passible d'une peine d'emprisonnement de deux mois à deux ans, et d'une amende qui ne pourra excéder le double de la valeur nominale du chèque, ni être inférieure au quart de cette valeur. L'article 463 du Code pénal [2] est applicable au présent délit.

Chèques postaux

La loi du 7 janvier 1918 a créé un service de *comptes courants* et de *chèques postaux*. Un décret du même jour a réglementé les divers détails de ce service.

Nota. — Les lecteurs trouveront dans tous les bureaux de poste des notices leur donnant toutes les indications utiles sur le fonctionnement des comptes-courants postaux et l'emploi des chèques postaux.

Chambre de compensation. — Depuis 1872, fonctionne à Paris, sous le nom de *chambre de compensation*, une institution analogue au *clearing house* de Londres. Chaque matin, les représentants des banques se réunissent et échangent les tirages effectués sur leurs banques respectives. Le soir, nouvelle réunion de liquidation définitive :

---

[1] Voir page 59.
[2] Circonstances atténuantes.

les tirages refusés sont rendus aux présentateurs, la balance des comptes des banques entre elles s'établit, et le règlement se fait par virements aux comptes respectifs de ces banques à la Banque de France.

Mais cette chambre de compensation ne prendra vraiment son maximum d'extension que lorsqu'il sera bien entré dans les habitudes des commerçants de considérer un banquier comme un caissier, et d'opérer leurs règlements par son intermédiaire (domiciliations, virements ou chèques) chaque fois que cela est possible.

Pour terminer, nous donnons ci-dessous quelques renseignements complémentaires sur la chambre de compensation.

Chambre de compensation des banquiers de Paris

2, rue des Italiens

Banques adhérentes

1. Banque de France.
2. Comptoir nat. d'escompte de Paris.
3. Crédit foncier de France.
4. Crédit industriel et commercial.
5. Crédit lyonnais.
6. Société générale.
7. Banque de Paris et des Pays-Bas.
8. Claude-Lafontaine, Prévost et Cie.
9. Offroy, Guiard et Cie.
10. Lehideux et Cie.
11. Banque française pour le commerce et l'industrie.
12. B. de l'Union parisienne.
13. American Express Cy.
14. Banque d'Alsace-Lorraine.
15. B. Anglo-Sud-Américaine.
16. Banque de Mulhouse.
17. B. nationale de crédit.
18. Banque Privée.
19. Cox et Co (Ltd).
20. C. commercial de France.
21. C. foncier Algérie-Tunisie.
22. Crédit français.
23. Crédit du Nord.
24. Equitable Trust Cy N. Y.
25. Farmers' Loan et Trust Cy (Ltd.)
26. Lloyds Bank (France) Ltd.
27. London County & W. Bk. Ltd.
28. Société Centrale des Banques de province.
29. Société Marseillaise.
30. Guaranty Trust.
31. Banque des Pays du Nord.
32. B. Internationale de Commerce de Petrograd.

Mouvements de la Chambre de compensation

(en millions.)

EXERCICES	MONTANT des effets présentés à la compensation	EFFETS compensés	EFFETS non compensés réglés par mandats
1872-1873	801	528	273
1879-1880	1.611	1.220	391
1889-1890	2.570	2.068	502
1899-1900	5.327	3.474	1.853
1909-1910	14.834	11.776	3.058
1910-1911	16.998	13.284	3.714
1911-1912	17.369	13.618	3.751
1912-1913	18.883	14.838	4.045
1913	18.374	14.484	3.890
1914 (7 mois)	11.837	9.584	2.289
1915	Néant.	Néant.	Néant.
1916 (juillet-décembre)	2.187	1.841	346
1917	13.707	9.948	3.759
1918	38.544	27.927	10.617

Le *montant moyen journalier* (1918) des compensations s'élève à 127.630.453f 43
Le *maximum* journalier a été de 325.484.158 61
Le *minimum* journalier a été de 54.102.712 10

La compensation *Province* a été inaugurée le 16 janvier 1918, mais n'a fonctionné encore qu'à titre purement nominal, et les résultats sont compris dans les chiffres ci-dessus.

Pour établir une comparaison exacte entre les compensations en France et les mouvements *anglais* et *américains*, il faut ajouter aux chiffres de la *Chambre* le montant des virements de la Banque de France. On a :

ANNÉES	FRANCE (en millions de francs)			LONDRES (en millions de £)	ÉTATS-UNIS (en millions de $)
	B. de France	Chambre	Total		
1917	185.868	9.948	195.816	19.121	253.177
1918	239.000	27.927	266.927	21.197	320.000

DEUXIÈME PARTIE

ESCOMPTE ET RECOUVREMENT

FRANCE

NOTIONS GÉNÉRALES

Les notions sur la règle d'intérêt et la règle d'escompte étant du domaine de l'arithmétique, nous n'entreprendrons pas ici, dans un travail purement pratique, d'exposer la *théorie* de ces divers calculs, du reste très simples. Nous nous bornerons à rappeler les formules qui en sont le *résultat* et qu'il est utile de connaître pour le travail de banque (1).

De l'intérêt simple

Soient C le capital, I l'intérêt produit par ce capital pendant le temps T (en jours), et au taux $t\%$.

Nous aurons successivement les quatre formules utiles suivantes :

1° Calcul de l'intérêt :

$$I = \frac{t \times C \times T}{100 \times 360} = \frac{t \times C \times T}{36.000} \quad (1)$$

2° Calcul du taux de l'intérêt :

$$t = \frac{I \times 360 \times 100}{C \times T} = \frac{I \times 36.000}{C \times T} \quad (2)$$

3° Calcul du capital :

$$C = \frac{100 \times I \times 360}{t \times T} = \frac{I \times 36.000}{t \times T} \quad (3)$$

---

(1) Voir *Manuel d'arithmétique*, par L. POIRIER et A. SAILLARD. — Berger-Levrault, éditeurs. Prix : 5 fr.
Voir également *Cours de comptes courants à intérêts*, par P.-L. MARTINEAU. — Berger-Levrault, éditeurs.

4° Calcul du temps :

$$T = \frac{100 \times I \times 360}{C \times t} = \frac{I \times 36.000}{C \times t} \quad (4)$$

En remplaçant, dans ces quatre formules, qui sont générales, les lettres par leurs valeurs, on peut résoudre tous les problèmes d'intérêt simple.

Intérêt ajouté au capital

La formule (1) précédente donne, pour un an :

$$I = \frac{t \times C \times T}{100}$$

Si C_1 désigne le capital réuni à ses intérêts, on a :

$$C_1 = C + \frac{t \times C \times T}{100}$$

De cette formule on peut calculer l'un quelconque des quatre termes qui la composent, connaissant les trois autres.
On aura successivement :
1° *Valeur acquise par un capital C placé au taux $t\ \%$ pendant T années* :

$$C_1 = C + \frac{t \times C \times T}{100} = \frac{C(100 + t \times T)}{100} \quad (1')$$

2° *Calcul du capital primitif C ayant produit, ajouté à ses intérêts, un capital C_1* :

$$C = \frac{100 \times C_1}{100 + t \times T} \quad (2')$$

3° *Calcul du taux $t\ \%$ auquel a été placé, pendant T années, un capital C, étant devenu C_1 à la fin du placement* :

$$t = \frac{100 \times (C_1 - C)}{C \times T} \quad (3')$$

4° *Calcul du temps T nécessaire pour qu'un capital C, placé à t °/₀ devienne C_1* :

$$T = \frac{100 \times (C_1 - C)}{t \times C} \quad (4')$$

Méthodes rapides pour le calcul des intérêts

1° Méthode des nombres et des diviseurs

Reprenons la formule (1) :

$$I = \frac{CTt}{36.000} = \frac{CT}{100} \times \frac{t}{360}$$

On appelle *nombre* la quantité $\frac{CT}{100}$, c'est-à-dire le centième du produit du capital par le temps.

Si, dans le deuxième facteur $\frac{t}{360}$, nous remplaçons successivement t par les taux entiers de 1 à 6, nous aurons :

$$\frac{t}{360} = \begin{cases} \text{pour } 1\,°/_0 = \frac{1}{360} \\ \text{pour } 2\,°/_0 = \frac{2}{360} = \frac{1}{180} \\ \text{pour } 3\,°/_0 = \frac{3}{360} = \frac{1}{120} \\ \text{pour } 4\,°/_0 = \frac{4}{360} = \frac{1}{90} \\ \text{pour } 5\,°/_0 = \frac{5}{360} = \frac{1}{72} \\ \text{pour } 6\,°/_0 = \frac{6}{360} = \frac{1}{60} \end{cases}$$

On appelle *diviseur* chacun des dénominateurs : 360, 180, 120, 90, 72 et 60, correspondant aux taux : 1, 2, 3, 4, 5 et 6 °/₀.

LES EFFETS DE COMMERCE

Si on désigne le *nombre* par N, et le *diviseur* par D, on aura : $\frac{t}{360} = \frac{1}{D}$ et enfin :

$$I = N \times \frac{1}{D} = \frac{N}{D}$$

D'où la règle :
Pour calculer l'intérêt ou l'escompte par les nombres, on multiplie le centième du capital par le temps, et on divise le nombre ainsi obtenu par le diviseur correspondant au taux indiqué.

Exemple numérique

Soit à décompter à 4 % le bordereau suivant, ou à calculer à 4 % l'intérêt des sommes suivantes :

Date de remise : 1ᵉʳ novembre 1909

SOMMES	ÉCHANGES	JOURS	NOMBRES
427f 50	15 novembre	14	60
3.463 75	30 —	29	1.004
1.518 20	15 décembre	44	668
5.409f 45			1.732
19 25	$= \frac{1.732}{90} =$ Intérêts à 4 %		
5.390f 20	= Net.		

Dans la pratique, on néglige généralement les centimes et l'on prend 427 — 3.463 — 1.518. — De même pour le nombre, on arrondit le résultat obtenu et l'on inscrit dans la dernière colonne :

60 pour 59f 78
1.004 pour 1.004f 27
668 pour 667f 92

2° Méthode des parties aliquotes

La *base* du calcul des intérêts par cette méthode est *le nombre de jours pour lequel l'intérêt est la 100e partie du capital*. En considérant les formules d'intérêt précédemment données, on voit que, pour que *100 francs* rapportent *1 franc*, il faut les placer pendant :

$$\frac{360}{6} = 60 \text{ jours à } 6\%$$
$$\frac{360}{5} = 72 \quad - \quad 5\%$$
$$\frac{360}{4,5} = 80 \quad - \quad 4,5\%$$
$$\frac{350}{4} = 90 \quad - \quad 4\%$$
$$\frac{360}{3} = 120 \quad - \quad 3\%$$

Les *bases* sont donc : 60 jours pour le 6 %, 72 jours pour le 5 %, etc.

Mais, dans la pratique, on a pris l'habitude d'employer la base 60, qui correspond au taux 6 % et de ramener ensuite, par une simple division, l'intérêt au taux cherché.

La base 60 a été choisie en raison du grand nombre de diviseurs ($3 \times 2 \times 2 = 12$) qu'admet le nombre 60. (Voir en arithmétique [1] la démonstration du théorème suivant : *Le nombre total des diviseurs d'un nombre est égal au produit des exposants de ses facteurs premiers, augmentés chacun d'une unité*).

Il reste donc, quand on a un calcul d'intérêts à faire par la méthode des parties aliquotes, à décomposer le nombre de jours donné en *parties aliquotes* de 60 et à inscrire en face de chacune d'elles l'intérêt correspondant.

On peut aussi intervertir et opérer, si cela est plus facile, sur le capital au lieu du temps.

---

[1] Voir *Manuel d'arithmétique*, de L. POIRIER et A. SAILLARD, page 63.

Exemples

1° *Soit à calculer l'intérêt de 4.327 francs pendant 75 jours à 6 °/₀ ?*
On a :

$$75 = 60 + 15$$

$$\text{et } 15 = \frac{60}{4}$$

$$\text{Intérêt pendant 60 jours} = \frac{4.327}{100} = 43^f 27$$

$$\text{---} \quad 15 \text{ jours} = \frac{43^f 27}{4} = 10^f 82$$

$$\text{Intérêt demandé} = \overline{54^f 09}$$

2° *Calculer l'intérêt à 6 °/₀ de 4.327 francs pendant 97 jours ?*
On a :

$$97 = 60 + 30 + 6 + 1$$

$$\text{Intérêt pendant 60 jours} = \frac{4.327}{100} = 43^f 27$$

$$\text{---} \quad 30 \text{ ---} = \frac{43^f 27}{2} = 21\ 63$$

$$\text{---} \quad 6 \text{ ---} = \frac{43^f 27}{10} = 4\ 32$$

$$\text{---} \quad 1 \text{ ---} = \frac{4^f 32}{6} = 0\ 72$$

$$\text{Intérêt demandé} = \overline{69^f 94}$$

3° *Calculer l'intérêt de 1.200 francs à 6 °/₀ pendant 287 jours ?*
On a :

$$1.200 = 60 \times 20$$

L'intérêt de 60 francs pendant 287 jours = l'intérêt de 287 francs pendant 60 jours = $2^f 87$.

CALCUL DES INTÉRÊTS

Donc l'intérêt cherché est de :

$$2,87 \times 20 = 57^f 40$$

Il eût été plus long d'opérer sur les jours, ce qui aurait donné

$$287 = (60 \times 4) + 30 + 15 + 2$$

Intérêt pendant (60×4) jours $= 12^f\,00 \times 4 = 48^f\,00$

— 30 — $= \dfrac{12\,00}{2} =$ 6 00

— 15 — $= \dfrac{6\,00}{2} =$ 3 00

— 2 — $= \dfrac{1\,20}{3} =$ 0 40

L'intérêt cherché est de . . . . . $\overline{57^f\,40}$

Si le taux proposé n'avait pas été 6 %, on aurait ramené les résultats précédents au taux réel en remarquant que :

$$5,5\,\% = 6\,\% - \frac{1}{12}\left(\frac{1}{12} \text{ de } 6\,\%\right) = \frac{11}{12} \text{ de } 6\,\%$$

$$5\,\% = 6\,\% - \frac{1}{6}\left(\frac{1}{6} \text{ de } 6\,\%\right) = \frac{5}{6} \text{ de } 6\,\%$$

$$4,5\,\% = 6\,\% - \frac{1}{4}\left(\frac{1}{4} \text{ de } 6\,\%\right) = \frac{3}{4} \text{ de } 6\,\%$$

$$4\,\% = 6\,\% - \frac{1}{3} = \frac{2}{3} \text{ de } 6\,\%$$

$$3\,\% = 6\,\% - \frac{1}{2} = \frac{1}{2} \text{ de } 6\,\%$$

$$2\,\% = 6\,\% - \frac{2}{3} = \frac{1}{3} \text{ de } 6\,\%$$

Exemples

1° *Ramener à 4,5 % l'intérêt de l'exemple n° 1 précédent : 54^f 09 à 6 %.*

On a :

$$\frac{54^f\,09}{4} = 13^f 52$$

L'intérêt à 4,5 % est donc : 54,09 — 13,52 = 40,57.

2° Ramener à 2,75 % l'intérêt de l'exemple n° 2 précédent : 69^f 94 à 6 %.

$$\text{Pour} \quad 2\,\%\ \text{on a}: \frac{69^f 94}{3} = 23^f 31$$

$$- \quad 0,60\,\%\ \text{on a}: \frac{69^f 94}{10} = 6\,99$$

$$- \quad 0,15\,\%\ \text{on a}: \frac{6^f 99}{4} = 1\,73$$

L'intérêt à 2^f 75 % est donc : $= 32^f 03$.

3° Soit, enfin, le bordereau suivant à décompter au taux de 4 %.

Date de remise : 1er novembre 1909.

SOMMES	ÉCHANGES	NOMBRE DE JOURS	INTÉRÊTS A 6 %
427^f 50	15 novembre	14	0,99
3.463 75	30 —	29	16,74
1.518 20	15 décembre	44	11,13
5.409^f 45			28,86
19 25	$= \dfrac{28^f 86 \times 2}{3} =$ Intérêts à 4 %		
5.390^f 20	= Net.		

Un peu d'habitude permet de voir rapidement les calculs à faire, et, dans la pratique, les chiffreurs arrivent à réduire les opérations au minimum et à poser presque immédiatement l'intérêt à 6 %.

Enfin, signalons encore la méthode peu usitée de *Thoyer*, perfectionnée par *Cauchy* et qui consiste en un tableau permettant d'effectuer un grand nombre de calculs d'intérêt au même taux, et à des jours différents.

1ʳᵉ remarque. — On a vu que dans toutes les formules précédentes nous avions compté l'année comme étant de **360 jours.** En France, on admet généralement, dans les calculs commerciaux, et sauf convention contraire, *l'année pour 360 jours* et *les mois pour leur nombre de jours exact*, ce qui, du reste, est une anomalie. Par contre, on se sert du nombre exact de jours de l'année dans les comptes avec l'État et dans certains calculs d'intérêts faits sur jugements.

Dans quelques pays, on compte comme en France l'année de 360 jours, mais les mois comme étant uniformément de 30 jours, ce qui est beaucoup plus logique.

Dans d'autres pays, comme en Angleterre, par exemple, on compte l'année de 365 jours et les mois pour leur nombre exact de jours.

En tout cas, il serait vivement à désirer qu'en France un texte législatif réglementât le mode d'opérer pour les calculs des jours d'intérêt.

2ᵉ remarque. — Pour les dépôts de fonds dans les caisses d'épargne, les intérêts sont calculés de la façon suivante : l'intérêt part du 1ᵉʳ ou du 16 de chaque mois après le jour du versement. Il cesse de courir à partir du 1ᵉʳ ou du 16 qui a précédé le jour du remboursement (2 1/2 % à la Caisse nationale d'épargne).

3ᵉ remarque. — Enfin, nous ferons remarquer également qu'il est d'usage *de compter le jour du placement et de négliger celui de l'échéance*, ou réciproquement. Mais on ne compte jamais, sauf convention contraire, *l'un et l'autre.*

Des intérêts composés

Quoique les calculs d'intérêts composés soient peu usités en banque, nous donnons, pour mémoire, la formule générale qui sert à les calculer.

Soit r l'intérêt de 1 franc pendant un an ; a, le capital primitif, est devenu au bout d'un an :

$$a(1+r)$$

Le capital A, obtenu au bout de la n^e année est :

$$A = a(1 + r)^n$$

On a, par application des logarithmes :

$$\log. A = \log. a + n \log. (1 + r)$$

Annuités et amortissements

Pour être complet, nous dirons aussi quelques mots des *annuités* et *amortissements*, renvoyant, pour la démonstration théorique des formules à un bon traité d'algèbre, et pour l'étude approfondie, appropriée aux opérations financières, à la « Théorie et pratique des opérations financières » de M. Alfred Barriol (*Encyclopédie scientifique, bibliothèque de Mathématiques appliquées* : volume recommandé seulement aux lecteurs possédant de sérieuses connaissances mathématiques).

Annuité. — On appelle annuité la somme a qu'il faut payer chaque année pour opérer, dans un temps n, le remboursement d'un capital A, à intérêts composés.

Si r est l'intérêt de 1 franc pendant un an, on a la formule générale suivante :

$$Ar(1 + r)^n = a[(1 + r)^n - 1]$$

qui permet de résoudre tous les problèmes relatifs aux annuités, c'est-à-dire de calculer l'une quelconque des quatre quantités A, a, r, ou n, connaissant les trois autres.

Tous ces calculs, comme les précédents relatifs aux intérêts composés, se font à l'aide des logarithmes.

Rentes viagères et Tables de mortalité. — Si l'on suppose un nombre déterminé d'enfants, nés le même jour, et que l'on note à différentes périodes, le nombre des survivants, on aura dressé une *table de mortalité*.

C'est à l'aide de ces tables qu'on détermine la *vie pro-*

bable d'un individu d'un certain âge. Ces tables servent pour le calcul des *rentes viagères*. Sans entrer dans plus de détails, nous indiquerons, avec seulement quelques chiffres explicatifs, les tables les plus connues :

	NAISSANCES	SURVIVANTS à 20 ans	SURVIVANTS à 30 ans	SURVIVANTS à 40 ans	SURVIVANTS à 50 ans
Table de Duvillard (1806)	1.000	502	438	369	297
— Deparcieux (1746)	1.286	814	734	657	581
— Hubbard (moderne)		1.000	929	853	758

On appelle *rente viagère*, une somme payée *annuellement* à un individu, jusqu'à sa mort. Les rentes viagères sont :

Immédiates : à payer de suite au titulaire ;

Différées : à payer un certain nombre d'années après l'époque du contrat ou du placement ;

Temporaires : à payer au bénéficiaire pendant un certain nombre d'années seulement.

En outre, les rentes viagères peuvent être :

A capital aliéné : lorsque le montant *du* ou *des* versements reste acquis au payeur de la rente, après le décès du rentier ;

A capital réservé : lorsque ce montant revient, sous certaines conditions, soit au bénéficiaire même de la rente, soit à ses héritiers.

DE L'ESCOMPTE

Définitions

Lorsqu'un négociant transmet, par endossement à un autre commerçant ou à son banquier, un effet de commerce *non échu* et qu'il en reçoit immédiatement la valeur, on dit qu'il a *escompté* son papier. L'escompte est l'intérêt prélevé par l'escompteur qui accepte de payer avant leur échéance, des effets de commerce.

Cet escompte ou retenue est naturellement « fonction » du temps à courir avant l'échéance, du montant de l'effet et du taux d'intérêt convenu. Il peut s'y ajouter, en outre, une commission qui varie avec la solvabilité de l'escompté et qui est la rémunération du service rendu.

Il y a deux espèces d'escompte :
1° L'escompte *commercial* ou *en dehors* ;
2° L'escompte *rationnel* ou *en dedans*.

L'*escompte commercial* ou *en dehors* est l'intérêt du montant de l'effet, calculé pendant le nombre de jours à courir avant l'échéance.

L'*escompte rationnel* ou *en dedans* est l'intérêt de la somme qui, placée le jour de l'escompte de l'effet jusqu'à l'échéance, donnerait, *capital* et *intérêts réunis*, le montant de l'effet escompté.

On ne peut pas dire que l'escompte commercial n'est pas équitable, car il est le résultat d'une convention librement consentie par les parties, mais l'escompte rationnel est plus logique, puisqu'il consiste à ne faire payer l'intérêt que sur la somme réellement déboursée. En vue de la simplification des calculs, en France et dans la plus grande partie des pays étrangers, on le compte toujours *en dehors*.

Un exemple montrera que l'escompte commercial surpasse l'escompte rationnel *de l'intérêt de cet escompte rationnel.*

ESCOMPTE RATIONNEL ou en dedans	ESCOMPTE COMMERCIAL ou en dehors
1.000 francs à escompter au taux de 5 % pendant 72 jours	
$\dfrac{100 \times 1.000}{101} = 990^f 099$	$\dfrac{5 \times 1.000 \times 72}{100 \times 360} = 10$ francs
$1.000 - 990^f 099 = 9^f 901$ Escompte rationnel $= 9^f 901$	Escompte commercial $= 10$ fr.
Différence $= 0^f 099$ Intérêt de $9^f 901$ à 5 % pendant 72 jours $= 0^f 099$	

Termes usuels. — La somme payée par l'escompteur s'appelle la *valeur actuelle* de l'effet.

Comme il y a deux sortes d'escompte, il y a aussi *deux valeurs actuelles* qui sont la *valeur actuelle rationnelle* (escompte en dedans) et la *valeur actuelle commerciale* (escompte en dehors).

La *valeur nominale* est la somme indiquée sur l'effet de commerce.

Echéance moyenne

Le problème de l'échéance moyenne consiste à chercher quelle est l'échéance d'un effet *unique*, d'un montant donné, remplaçant plusieurs effets à échéances diverses.

1er exemple. — *Chercher quelle doit être l'échéance d'un seul effet remplaçant les trois suivants et ayant une valeur nominale égale à leur somme :*

$$\left.\begin{array}{l} 6.000 \text{ à } 45 \text{ jours} \\ 3.500 \text{ à } 30 \text{ —} \\ 1.200 \text{ à } 60 \text{ —} \end{array}\right\} \text{Taux : } 6 \%$$

A. — Solution par l'escompte en dehors ou commercial

6.000 fr. pendant 45 jours, à 6 %, rapportent   45f »
3.500 fr.   —   30j   —   17 50
1.200 fr.   —   60j   —   12 »
                                        ─────
L'intérêt total produit est donc de :   74 50

Le billet unique doit être de :

$$6.000 + 3.500 + 1.200 = 10.700 \text{ fr.}$$

Son échéance doit être telle que 10.700 francs, à 6 %, puissent rapporter 74,50. On aura donc, en appliquant la formule connue du calcul du temps :

$$\frac{360 \times 74,50 \times 100}{6 \times 10.700} = \begin{cases} 41 \text{ jours par défaut.} \\ 42 \text{ jours par excès.} \end{cases}$$

B. — Solution par l'escompte en dedans ou rationnel

Calcul des valeurs actuelles :

100 fr. pendant 45 jours rapportent   0f 75
100 fr.   —   30j   —   0 50
100 fr.   —   60j   —   1 »

La valeur actuelle :

De 100,75 à 45 jours est de   100 fr.
De 100,50 à 30j   —   100 fr.
De 101,00 à 60j   —   100 fr.

La valeur actuelle des trois effets sera donc de :

$$\frac{6.000 \times 100}{100,75} = 5.955,335$$

$$\frac{3.500 \times 100}{100,50} = 3.482,587$$

$$\frac{1.200 \times 100}{101} = 1.188,118$$

                                    ─────────
                                    10.626,040

DE L'ESCOMPTE

L'escompte perçu sur les trois billets est de :

$$10.700 \text{ fr.} - 10.626^f 04 = 73^f 96$$

Calculons enfin le nombre de jours nécessaires à un effet de 10.700 francs pour donner $73^f 96$ d'*escompte rationnel*, à 6 %.

On aura :

$$\frac{360 \times 73^f 96 \times 100}{6 \times 10.626^f 04} \left\{ \begin{array}{l} 41 \text{ jours par défaut.} \\ 42 \text{ jours par excès.} \end{array} \right.$$

Nota. — On voit par l'exemple précédent que les calculs par la méthode rationnelle (ou en dedans) sont assez longs.

Pour que la différence entre les résultats des deux méthodes soit sensible, il faut que le nombre et le montant des billets, ainsi que le nombre de jours à courir, soient importants. Dans le cas de chiffres semblables à ceux donnés en exemple, l'emploi de l'une ou de l'autre méthode est indifférent. Les banquiers sont donc bien fondés à employer la plus simple, quoiqu'ils fassent ainsi payer plus cher leurs services.

2ᵉ exemple. — *Chercher quelle doit être l'échéance d'un effet de 1.800 francs devant remplacer les trois suivants :*

$$\left. \begin{array}{l} 435 \text{ francs à 120 jours} \\ 560 \quad\quad \text{à } 75 \\ 800 \quad\quad \text{à } 30 \end{array} \right\} \text{ Taux d'escompte : 3 %.}$$

A. — *Solution par la méthode commerciale ou en dehors.*

L'escompte des différents billets donne :

$$\begin{array}{l} 435 \text{ fr. à 120 jours} = 4^f 35 \\ 560 \text{ fr. à } 75 \quad\quad = 3^f 50 \\ 800 \text{ fr. à } 30 \quad\quad = 2^f \end{array}$$

La valeur actuelle de chaque billet est donc :

$$\begin{array}{l} 435 \text{ fr.} - 4^f 35 = 430^f 65 \\ 560 \text{ fr.} - 3^f 50 = 556^f 50 \\ 800 \text{ fr.} - 2^f \,\,\,\,= 798^f \end{array}$$

Soit un total de . . . . $1.785^f 15$

88 LES EFFETS DE COMMERCE

L'effet unique de 1.800 francs doit donc produire un escompte de :

$$1.800 \text{ fr.} - 1.785^f 15 = 14^f 85$$

Le problème revient à chercher pendant combien de jours il faudrait placer 1.800 francs pour produire, à 3 %, un intérêt de $14^f 85$.

On aura donc :

$$\frac{14^f 85 \times 360 \times 100}{1.800 \times 3} = 99 \text{ jours.}$$

B. — Solution par la méthode rationnelle ou en dedans

Si :

100 francs en 120 jours rapportent : 1^f
100 — en 75 — : 0 625
100 — en 30 — : 0 25

La valeur actuelle de :

101^f payables dans 120 jours est : 100 francs
$100^f 625$ — 75 — : 100 —
$100^f 25$ — 30 — : 100 —

La valeur actuelle de chaque effet est donc de :

$$\frac{435 \times 100}{101} = 430^f 693$$

$$\frac{566 \times 100}{100^f 625} = 556\ 521$$

$$\frac{800 \times 100}{100^f 25} = 798\ 005$$

La valeur actuelle du billet unique est de : $1.785^f 219$

La valeur nominale de l'effet unique étant 1.800 francs, il faut qu'en l'escomptant *en dedans* la retenue qu'il subira soit de

$$1.800 \text{ fr.} - 1.785^f 219 = 14^f 781$$

DE L'ESCOMPTE

Le problème revient à chercher le temps nécessaire à un capital de 1.785^{f}21 pour produire 14^{f}78 d'intérêt.
On aura donc :

$$\frac{14.781 \times 360 \times 100}{1.785^f 219 \times 3} = \begin{cases} 99 \text{ jours par défaut.} \\ 100 \text{ jours par excès.} \end{cases}$$

Échéance commune

Le problème de l'échéance commune consiste à rechercher le montant d'un effet, payable dans un délai indiqué et devant remplacer plusieurs effets donnés.

Exemple : Quel sera le montant d'un effet unique, payable dans soixante jours, devant remplacer les trois effets suivants :

$$\begin{rcases} 3.000 \text{ francs à 30 jours} \\ 2.500 \quad - \quad \text{à } 15 \quad - \\ 1.700 \quad - \quad \text{à } 20 \quad - \end{rcases} \text{Taux : 6 °/}_0$$

A. — *Solution par la méthode rationnelle ou en dedans*

VALEURS ACTUELLES DES TROIS BILLETS

1er *billet* :

100 francs en 30 jours rapportent. . . . 0^{f}50

Un billet de $\begin{cases} 100^f 50 \text{ à } 30 \text{ jours a une} \\ \quad \text{valeur actuelle de. . } 100 \text{ francs} \\ 3.000 \text{ francs à } 30 \text{ jours a} \\ \quad \text{une valeur actuelle de} \end{cases} \frac{100 \times 3.000}{100^f 50} = 2.985^f 07$

2e *billet* :

100 francs en 15 jours rapportent. . . . 0^{f}25

Un billet de $\begin{cases} 100^f 25 \text{ à } 15 \text{ jours a une} \\ \quad \text{valeur actuelle de. . } 100 \text{ francs} \\ 2.500 \text{ francs à } 15 \text{ jours a} \\ \quad \text{une valeur actuelle de} \end{cases} \frac{100 \times 2.500}{100^f 25} = 2.493\ 76$

3ᵉ billet :

Un billet de $\begin{cases} 100 \text{ francs en 20 jours rapportent.} & 0^f 33 \\ 100^f 33 \text{ à 20 jours a une valeur actuelle de} & 100 \text{ francs} \\ 1.700 \text{ francs à 20 jours a une valeur actuelle de} & \dfrac{100 \times 1.700}{100^f 33} = 1.694^f 40 \end{cases}$

Total des valeurs actuelles des trois billets :

$$2.985^f 07 + 2.493^f 76 + 1.694^f 40 = 7.173^f 23$$

L'intérêt produit par la valeur actuelle dans le délai proposé de 60 jours est de :

$$71^f 73_23$$

Le montant du billet (ou valeur nominale) unique sera de :

$$7.173^f 23 + 71^f 73 = 7.244^f 96$$

B. — Solution par la méthode commerciale ou en dehors

1ᵉʳ billet { Intérêt pendant 30 jours 15ᶠ00
            { Valeur actuelle   3.000 — 15ᶠ00 = 2.985ᶠ00
2ᵉ billet { Intérêt pendant 15 jours   6ᶠ25
           { Valeur actuelle   2.500 — 6ᶠ25 = 2.493ᶠ75
3ᵉ billet { Intérêt pendant 20 jours   5ᶠ66
           { Valeur actuelle   1.700 — 5ᶠ66 = 1.694ᶠ34
           Valeur actuelle de l'effet unique.   7.173ᶠ09

La valeur actuelle : 7.173ᶠ09 est égale à la valeur nominale, diminuée de l'intérêt de cette valeur nominale pendant 60 jours.

Or, 100 francs pendant 60 jours produisent à l'escompte :
100 — 1 = 99.

Donc :

Une valeur actuelle de 99 francs provenant de 100 francs, une valeur actuelle de 7.173ᶠ09 proviendra de :

$$\dfrac{100 \times 7.173^f 09}{99} = 7.245^f 54$$

La valeur nominale du billet unique est de : 7.245ᶠ54.

ESCOMPTE DES EFFETS DE COMMERCE

Tout ce qui précède constitue la partie mathématique de l'escompte. Nous allons étudier maintenant l'escompte au point de vue purement professionnel, c'est-à-dire la « technique » du banquier-escompteur.

Un commerçant n'est admis à l'escompte par un banquier qu'après entente préalable et après en avoir débattu et arrêté les conditions. Le premier soin du banquier est évidemment de s'inquiéter de la valeur de son nouveau client et de se renseigner, aussi exactement que possible, sur la prospérité de ses affaires. Car, admettre un client à l'escompte, c'est lui ouvrir un crédit, garanti par un dépôt souvent minime et par une remise d'effets à échéances plus ou moins éloignées. Et ces valeurs ne sont vraiment une garantie pour l'escompteur que si elles résultent d'*affaires réelles* et si elles sont sur des tirés solvables.

Enfin, le banquier suit, ou fait suivre attentivement les différentes phases que présente le recouvrement des effets escomptés. Dans ce but, il fait tenir, très exactement et très régulièrement, une *feuille de risques* et un *pourcentage des impayés*, qui lui indiquent constamment : la première, le découvert accordé (en espèces et en durée) ; et le deuxième, le coefficient de solvabilité des correspondants habituels de ses clients.

Il est certain qu'un commerçant, très à l'aise dans ses affaires et possédant largement les capitaux nécessaires au fonctionnement de sa maison, remettra à son banquier du *papier brûlant* (c'est-à-dire très court).

D'autres feront des remises très régulières et ne retireront des capitaux qu'en quantité moindre, leur solde en compte courant sera toujours créditeur.

Dans ces deux cas, le banquier voit diminuer grandement ses risques, et par conséquent les clients sont fondés à lui demander l'application de tarifs tout à fait spéciaux et réduits.

D'autres, au contraire, remettront à l'escompte du *papier long (plus de 90 jours)* et le banquier leur demandera généralement une commission supplémentaire, laquelle s'explique très bien par ce fait que les valeurs remises n'étant pas bancables quand elles dépassent 90 jours, le banquier en trouvera lui-même difficilement preneur.

On voit donc que les conditions consenties par le banquier-escompteur sont très variables, car elles dépendent à la fois de la solvabilité du client, de la nature du papier présenté et de l'abondance plus ou moins grande des capitaux.

Nous résumerons ces quelques considérations générales en disant qu'*escompter un effet de commerce* étant *vendre du crédit*, il doit y avoir autant de conditions d'escompte que de banquiers et de clients, ce qui est évidemment une exagération, mais celle-ci a pour but de bien faire comprendre à nos lecteurs que la *diversité des tarifs* est *fonction de la diversité des situations et des crédits*, c'est-à-dire des *risques*.

Nous n'avons pas à faire intervenir ici les tarifs de la Banque de France, en raison des garanties spéciales dont s'entoure cet établissement, et que nous étudierons du reste ultérieurement.

Classification du papier de commerce

Le portefeuille « effets » d'un banquier peut se diviser en deux grandes classes :

A. = le papier sur la France,
B. = le papier sur l'étranger.

Chaque catégorie se subdivise elle-même en trois :

1° le papier négociable ;
2° le papier bancable ;
3° le papier non bancable ou déplacé.

1º Papier négociable. — On range dans cette classe les effets de commerce d'une négociation courante et qui trouvent facilement preneur sur toute place. Ces effets sont généralement d'une valeur de 3.000 francs et ont au moins trente jours à courir avant leur échéance. Enfin, ils doivent remplir en outre les autres conditions requises pour être acceptés à l'escompte par la Banque officielle de leur pays de destination.

En raison de leur importance et surtout des banquiers qui sont appelés à les négocier, ces effets bénéficient de conditions spéciales qui constituent le *taux hors banque* ou *escompte privé*, lequel est naturellement inférieur, ou au plus égal, au taux officiel de l'escompte. Comme ce dernier, il subit les fluctuations de toutes valeurs ayant un marché et qui sont soumises à la loi de l'offre et de la demande.

L'escompte ou l'argent est dit *serré* lorsque par suite des besoins en capitaux du marché, le taux de l'escompte privé *se rapproche* du taux officiel de l'escompte (c'est-à-dire, en France, du taux de la Banque de France).

L'escompte est *nul* lorsque les effets négociables sont rares sur le marché, ou lorsqu'ils sont peu ou pas demandés.

Enfin, l'escompte est *facile* lorsque le taux privé est bien plus faible que le taux officiel de l'escompte. Cette situation se présente aux époques de l'année où les capitaux sont très abondants. Chaque mois même, le taux peut varier : devenir facile en dehors des périodes de liquidation de la Bourse et serré pendant ces périodes. L'escompte se serre également à l'approche des grands emprunts.

Il est d'usage, dans les transactions du papier négociable, que le vendeur tienne compte à l'acheteur, et au taux officiel de la Banque de France, du nombre de jours minimum exigé par cet établissement pour la place, le reste des jours à courir étant seul compté au taux privé.

Exemple : Un compte de négociation du 1ᵉʳ novembre, d'un effet à l'échéance du 30 novembre sur Paris, sera établi comme suit :

29 jours { 5 jours au taux de la Banque
24 jours au taux privé

Voici la classification généralement adoptée à Paris, pour le *papier négociable*.

A) *Première Banque* ou *Haute Banque*, qui comprend les acceptations très restreintes ci-dessous :

    Heine et Cie,
    Hottinguer,
    Mallet frères et Cie,
    de Rothschild frères,
    J. Stern et Cie,
    Vernes et Cie.

B) *Deuxième-Première Banque* qui comprend, outre les acceptations des grands établissements de crédit, tels que :

    Le Crédit lyonnais,
    La Société générale,
    La Banque de Paris et des Pays-Bas,
    Le Comptoir national d'escompte,
    La Société générale du Crédit industriel et commercial,
    Etc.

les signatures suivantes :

    H. de Bethmann et Cie,
    Demachy et Seillière,
    Lazard frères et Cie,
    de Neuflize,
    Périer et Cie.

C) *Deuxième Banque* :

    Claude-Lafontaine, Prévost et Cie,
    de Baecque, Beau et Cie,
    Guët et Cie,
    L. Hirsch,
    E. Hoskier et Cie,
    Lehideux et Cie,
    Marcuard et Cie,
    Meissein et Cie,
    Morgan Harjes,
    Munroe et Cie,
    L. Dreyfus et Cie,
    Offroy, Guiard et Cie.

D) *Après Deuxième Banque* :

Badel frères et Cie,
Berly et Cie,
Movellan et Angulo,
J. Propper et Cie,
M. S. Sulzbach.

Les acceptations C et D, ainsi que celles du haut commerce parisien se désignent aussi sous le nom de *Paris*.

Enfin, on désigne sous le nom de *Province* les acceptations des bonnes banques et des maisons de commerce importantes des départements.

Les acceptations étrangères, payables dans une place bancable française, se rangent également dans la catégorie *Province*. On leur donne aussi le nom de papier international.

2° Papier bancable. — On appelle papier bancable celui qui réunit toutes les conditions exigées pour être admis à l'escompte par la Banque officielle ou d'État de son pays. Pour la France, les conditions du papier bancable, c'est-à-dire les conditions imposées par la Banque de France, sont les suivantes :

Conditions d'escompte de la Banque de France

Les titulaires des « comptes courants avec faculté d'escompte » peuvent présenter :

Des *effets de commerce, warrants commerciaux, warrants agricoles* et des *chèques* sur toutes les places bancables.

La limite d'admission des effets à l'escompte est de *5 francs*, pour le papier déplacé, comme pour les effets sur place.

Les effets et les warrants ne peuvent pas avoir plus de *trois mois* d'échéance ; les premiers doivent être revêtus de *trois signatures*, les seconds de deux au moins.

Moyennant le transfert ou le dépôt en garantie, soit d'actions de la Banque de France, soit de titres, la Banque admet les effets à *deux signatures*.

L'escompte est perçu d'après le nombre des jours à courir, et au taux fixé par le Conseil général. Il ne peut être moindre :

De cinq jours, avec un produit minimum de 10 centimes par effet et de 25 centimes par bordereau, pour les effets sur place, ceux de Paris sur les succursales et des succursales sur Paris ;

De huit jours, avec le même produit minimum, pour les effets de succursales sur succursales, sur bureaux auxiliaires et sur villes rattachées, quel que soit le lieu où ils sont escomptés.

La Banque de France fournit les formules de bordereaux pour l'inscription des effets (nous donnons plus loin un fac-similé réduit du tracé des bordereaux de la Banque de France). Ces bordereaux donnent toutes les indications nécessaires pour les délais de remise, et le minimum de perception par effet.

Les effets doivent être classés par ordre alphabétique :
1° De succursales ou bureaux ;
2° De villes rattachées (en totalisant par succursale ou par bureau), et enfin par échéance et par somme.

Les échéances doivent être « à vue », ou à l'une quelconque des échéances fixes suivantes : 5, 10, 15, 20, 25 et fin de mois.

Les effets doivent être cotés à l'encre rouge (indication, en haut de l'effet, de la ville, de l'échéance et de la somme).

Enfin, terminons les conditions générales d'escompte de la Banque de France, en indiquant qu'il y a actuellement 584 places bancables qui se divisent en :

1 Banque centrale,
143 Succursales,
75 Bureaux auxiliaires,
365 Villes rattachées ([1]).

La liste de ces places, avec leur qualification, se trouve chez tous les banquiers, et nous n'en donnerons pas ici l'énumération.

([1]) La Banque de France a installé également (janvier 1919) quelques bureaux provisoires en Alsace-Lorraine.

Voici les variations récentes subies par le taux de l'escompte à la Banque de France :

Avant le 21 mars 1907	Taux =	3 %
Le 21 mars 1907	» =	3,5 %
Le 7 novembre 1907	» =	4 %
Le 9 janvier 1908	» =	3,5 %
Le 23 janvier 1908	» =	3 %
Le 29 janvier 1914	» =	3,5 %
Le 30 juillet 1914	» =	4,5 %
Le 1er août 1914	» =	6 %
Le 20 août 1914	» =	5 %

Bordereaux d'escompte. — Chaque banque possède un modèle personnel de bordereaux. Les tracés sont donc presque tous différents les uns des autres. Aussi, nous ne donnerons ci-après, à titre d'indication, que ceux employés par la Banque de France :

1° Pour les effets sur Paris ;

2° Pour les effets sur les autres places bancables.

Enfin, plus loin, nous donnerons aussi un fac-similé d'un bordereau d'effets à l'encaissement, modèle de la Banque de France.

3° **Papier non bancable ou déplacé.** — Tout effet qui n'est ni négociable ni bancable s'appelle *déplacé*. Il n'est pas accepté par la Banque officielle du pays ; les banques privées seules se chargent de l'escompter ou de l'encaisser.

Remarque. — Avant de clore cette troisième partie, nous ferons remarquer au lecteur que des conditions de la Banque de France, il s'ensuit que peu de maisons, même parmi les plus importantes, possèdent du *papier bancable*. En effet, les commerçants remettent surtout à leurs banquiers leurs tirages personnels sur leurs clients. Ce papier, qui peut être de tout premier ordre, ne comporte, à l'origine, qu'une signature. Il ne serait donc pas accepté par la Banque de France, ce qui fait que les opérations de cet établissement privilégié ne nuisent en rien à celles des autres banques, en tant qu'escompte. Cette impossibilité du tireur de négocier directement à la Banque de France est même d'une grande utilité, d'abord au point de vue du crédit de cet

LES EFFETS DE COMMERCE

BANQUE DE FRANCE

Approuvé pour Fr. ....
Le Gouverneur,

COMITÉ D'ESCOMPTE

Approuvé pour Fr. ....

N° ....

Paris, le 190

BORDEREAU DES EFFETS SUR PARIS présentés à la BANQUE pour être escomptés, et dont le produit net doit être porté au crédit du compte de ....

L'Escompte est perçu pour cinq jours sur les Effets dont l'échéance est plus rapprochée. Le minimum est de 0 fr. 10 par Effet, quelle qu'en soit l'échéance, et de 0 fr. 25 par bordereau.

Le minimum pour l'admission des effets à l'escompte est de 5 francs.

D'après les Statuts de la Banque et le Décret impérial du 13 janvier 1869, la troisième signature peut être suppléée, soit par le transfert d'Actions de la Banque, soit par le transfert on la remise en nantissement de Fonds publics français ou des autres Valeurs admises en garantie d'Avances.

L'Arrêté du Conseil du 4 février 1808 décide que les valeurs transférées ou remises en nantissement servent de garantie pour toutes les signatures de l'auteur du transfert ou de la remise qui peuvent se trouver dans le portefeuille de la Banque.

La Banque n'est responsable d'aucune des conséquences des erreurs de toute nature commises par les Présentateurs, en ce qui concerne soit le nombre des effets, soit la fausse indication de somme, d'échéance et du lieu de paiement soit sur le Bordereau, soit sur l'Effet.

Effets. — Fr. ....   Agios ....

ACCEPTEURS	TIREURS DES TRAITES				
Tireurs des Traites *non* acceptables	acceptables				
Souscripteurs des Billets	Premier Endosseur des Billets ou des Traites non acceptables	SOMMES	TOTAL par échéance	ÉCHÉANCES	Jours à courir	ESCOMPTE

NOTA. — Les effets échéant à la fin du mois doivent, comme les effets au comptant, être présentés à l'Escompte l'avant-veille de l'échéance, les jours fériés non compris.

BANQUE DE FRANCE

COMITÉ D'ESCOMPTE

N°

Approuvé pour Fr.

Paris, le   190

Approuvé pour Fr.

Le Gouverneur,

BORDEREAU DES EFFETS sur les Succursales, Bureaux auxiliaires et Villes rattachées, *présentés à l'escompte, dont le produit net doit être porté au crédit du compte de*

L'Escompte est perçu pour *cinq jours* sur les Effets des Succursales et pour *huit jours* sur les Effets des Bureaux et Villes rattachées, dont l'échéance est plus rapprochée. Le minimum est de 0 fr. 10 par Effet, quelle qu'en soit l'échéance, et de 0 fr. 25 par bordereau.

Le minimum pour l'admission des effets à l'escompte est de 5 francs.

Sur les Succursales, les effets doivent avoir à courir, dimanches et jours fériés non compris,
au moins . . . . 4 jours
Sur Ajaccio et Bastia, les effets doivent avoir à courir au moins 8   —
Sur les Bureaux et Villes rattachées,
Quand il y a retrait de premières ou { Sur les Succursales et Bureaux, au moins. . . 7   —
de traites originales. . . . . { Sur les Villes rattachées 8   —

D'après les Statuts de la Banque et le Décret impérial du 13 janvier 1864, la troisième Signature peut être suppléée soit par le transfert d'Actions de la Banque, soit par le transfert ou la remise en nantissement de Fonds publics français ou des autres valeurs admises en garantie d'Avances.

L'Arrêté du Conseil du 4 février 1808 décide que les valeurs transférées ou remises en nantissement servent de garanties pour toutes les signatures de l'auteur du transfert ou de la remise qui peuvent se trouver dans le Portefeuille de la Banque.

La Banque n'est responsable d'aucune des conséquences des erreurs de toute nature, commises par les Présentateurs en ce qui concerne soit le nombre des effets, soit la fausse indication de somme, d'échéance et de lieu de paiement soit sur le Bordereau, soit sur l'Effet.

NOTA. — MM. les Présentateurs sont priés de vouloir bien classer les effets par ordre alphabétique : 1° de Succursales ou bureaux ; 2° de Villes rattachées (en totalisant par Succursale ou par Bureau), et enfin par échéance et par somme.
(Voir le tableau des villes rattachées délivré par la Banque).

Effets. — Fr.   *Agios.*

ACCEPTEURS Tireurs des traites non acceptables	TIREURS DES TRAITES acceptables	VILLES rattachées aux succursales et aux bureaux	DÉSIGNATION des succursales ou bureau	TOTAL par succursale ou bureau	SOMMES	ÉCHÉANCES	Jours à courir	ESCOMPTE
Souscripteurs des Billets	*Premier Endosseur des Billets ou des Traites non acceptables*							

établissement dont les opérations sont ainsi bien garanties, et ensuite par la réduction du nombre des comptes à surveiller, le chiffre d'affaires restant le même. Avec cette organisation, la Banque de France reste l'arbitre du crédit et la régulatrice du taux de l'escompte.

La signature du banquier escompteur (avec l'acceptation du tiré ou, à la place de cette troisième signature, un compte d'avances) est donc indispensable pour rendre bancables les tirages des commerçants.

En dehors de l'intérêt, au taux convenu, le banquier pourra réclamer à son client une commission en raison du service rendu. Comme le taux de l'intérêt, et pour les mêmes raisons, cette commission sera variable.

Cette commission et les frais d'encaissement pour chaque place, ou chaque catégorie de valeur, prennent le nom de *changes de places*. Les banquiers, à l'origine des relations avec leurs clients, leur indiquent donc les taux de l'*intérêt*, du *change* et de la *commission* qu'ils percevront sur les bordereaux présentés à l'escompte.

Recouvrements

Lorsque des effets sont remis à un banquier simplement pour en assurer l'encaissement, le montant net du bordereau n'est pas versé immédiatement au client ni porté *disponible* à son compte. Il ne sera payé, ou crédité en disponible, que lorsque le banquier aura lui-même encaissé les valeurs mises en recouvrement. Dans ce cas, le banquier, n'avançant pas de fonds, ne prendra pas d'intérêt. Et ne courant pas de risques, sa commission sera plus réduite que dans l'escompte. Il percevra naturellement les frais d'encaissement prévus pour chaque place et qu'indiquent les tarifs de chaque banque.

Recouvrements par la Banque de France

(Comptant)

Les titulaires des comptes courants de la Banque peuvent remettre *à l'encaissement sur place*, tous effets n'ayant pas

BANQUE DE FRANCE

Paris, le _____ 19 _____   N° _____

_____ Effets.

BORDEREAU des effets, au comptant sur Paris, remis à la BANQUE DE FRANCE, pour être portés au *Crédit du Compte de* _____

La Banque n'est responsable d'aucune conséquence des erreurs de toute nature commises par le Compte Courant, et spécialement de la fausse indication de somme, d'échéance ou de lien de paiement, soit sur le Bordereau, soit sur les Effets.

PAYEURS	SOMMES		COMMISSION	NET à créditer	ÉCHÉANCE

La Banque perçoit sur l'encaissement des Effets une commission de : 0f 10 par Effet, de 400 fr. et au-dessous ; un quart pour mille sur les Effets de 400 fr. à 4.000 fr. et 1 fr. par Effet supérieur à 4.000 fr.

L'échéance des Effets ne doit pas excéder 5 jours.

Nonobstant l'inscription au Carnet de la somme représentant le total net du Bordereau, inscription qui est faite au moment même du dépôt de ce Bordereau, le Compte Courant ne peut disposer du montant de ses remises à l'encaissement que le lendemain de l'échéance des Effets.

La Banque se réserve le droit, soit de réclamer au Compte Courant le montant des Effets non encaissés, soit de le débiter d'office de ce montant.

Instruction pour la remise de Bordereaux

Les Bordereaux sont reçus jusqu'à 11 heures au plus tard.

Chaque Bordereau ne doit comprendre qu'une échéance.

Les Effets échéant le lendemain du jour de leur remise doivent être portés sur un Bordereau rose ;

Les Effets aux autres échéances sur les Bordereaux blancs.

L'inscription des Effets doit suivre l'ordre d'importance des sommes, en commençant par la plus faible.

La veille des 5, 10, 20 et 25, jours fériés non compris, il ne sera reçu que des Effets échéant le lendemain.

Les Effets échéant les 15 et fin de mois doivent être remis au plus tard l'avant-veille de l'échéance, jours fériés non compris.

L'avant-veille des 15 et fin de mois, jours fériés non compris, il n'est reçu que des Effets échéant le lendemain et le surlendemain.

plus de cinq jours à courir : le montant est porté à leur crédit, sous déduction de la commission suivante :

10 centimes par effet de 400 francs et au-dessous ;

25 centimes pour 1.000 francs (soit 5 centimes pour 200 francs) sur les effets de 400 à 4.000 francs ;

1 franc par effet supérieur à 4.000 francs.

Pour les effets de place à place, la Banque prélève 0,50 °/₀₀ (5 centimes par 100 francs) avec *minimum* de 20 centimes par effet.

La Banque encaisse *gratuitement* les chèques payables dans l'un quelconque de ses comptoirs, ainsi que les chèques barrés sur toutes Banques installées dans les places bancables.

Recouvrements par la poste

L'administration des postes se charge également du recouvrement des valeurs (traites, mandats, effets, factures) dont le montant est inférieur à 2.000 francs. Elles peuvent être protestables ou non protestables.

Le tarif appliqué pour ces recouvrements est le suivant :

1° Droit fixe de recommandation = 25 centimes par enveloppe (chaque enveloppe ne doit pas contenir plus de 5 valeurs de plus de 6 francs. Les valeurs inférieures ou égales à 6 francs peuvent être au nombre de 15);

2° Droit à prélever sur chaque valeur recouvrée = 10 centimes par 20 francs, jusqu'à concurrence de 50 centimes par effet ;

3° Frais de retour des fonds au tarif des mandats de poste.

Enfin, les impayés supportent une taxe fixe de 20 centimes par valeur.

Conditions générales d'escompte des banquiers

Nous ferons remarquer :

1° Qu'il est généralement perçu un minimum d'intérêt pour chaque effet (10 ou 15 centimes);

2° Que les changes se calculent ordinairement sur un minimum de 100 francs par effet;

3° Que les banquiers font supporter à leurs cédants les frais accessoires suivants : frais de course « hors ville » pour l'encaissement des « écarts », frais d'envoi à l'acceptation, frais de réclamation en retour;

4° Que le montant du change (souvent même aussi l'intérêt) reste acquis au banquier lorsque les effets sont réclamés par le cédant avant leur échéance;

5° Qu'en plus des frais de protêt et autres de retour, les banquiers comptent généralement à leurs cédants 50 centimes par endos pour tout effet protesté; sur les impayés non protestés, cette taxe est réduite à 30 centimes par endos.

Les banquiers font aussi des réserves pour le *protêt à bonne date* des effets français d'outre-mer et de ceux payables ailleurs que dans les chefs-lieux d'arrondissement; en foire; dans les forts; à la suite des armées. Les mêmes réserves sont faites pour les effets portant des indications fautives, incomplètes ou douteuses. (Ce dernier cas a lieu lorsqu'il existe plusieurs localités du même nom et que le canton et le département ne sont pas indiqués.)

Enfin, beaucoup de banquiers ne garantissent ni la présentation à l'échéance ni le protêt à bonne date, lorsque les effets n'ont pas un certain nombre de jours à courir avant leur échéance (5 à 15 jours, plus le délai de voyage); ou lorsqu'il y a cas de force majeure : guerre, émeute, inondation, incendie.

Les banquiers répètent les mentions mises par les endosseurs (sans frais, sans compte de retour, etc.), mais généralement sans garantie de leur observation par les tiers.

En cas de réclamation d'effets (*demandes de retour sans frais*), les banquiers font toujours des réserves pour ceux qui sont déjà sortis de leur portefeuille. Pour qu'une réclamation puisse être suivie utilement, ils demandent généralement les délais suivants : huit jours avant l'échéance, pour les effets sur succursales de la Banque, et trois à cinq jours sur leurs correspondants directs.

Nous donnons plus loin, comme exemples, quatre bordereaux décomptés à des conditions diverses. (Taux de la Banque de 1910 = 3 °/₀.)

Termes usités en banque

On appelle *broches* des effets de minime importance, non acceptés ou tirés sur de petits commerçants ou des particuliers dont le crédit est difficile à évaluer.

On appelle *valeurs faites* les effets de commerce répondant à une opération réelle, non fictive et à laquelle s'ajoute la garantie des signataires. Par contre, on appelle : *tirages en l'air, effets de complaisance, papiers de circulation, tirages croisés*, toutes les valeurs n'ayant aucune cause commerciale réelle. Elles sont créées par des commerçants gênés qui, en tirant sur des correspondants complaisants, sans qu'il y ait aucune affaire sérieuse conclue entre eux, espèrent se procurer des fonds par l'escompte [1].

Agio. — Différence entre le montant nominal d'un effet de commerce et sa valeur actuelle. L'agio comprend : l'intérêt, le change et la commission du banquier.

Parcontre. — Négociation d'effets de commerce contre d'autres effets de commerce.

---

[1] JURISPRUDENCE RELATIVE AUX EFFETS DE COMPLAISANCE :

A) *Les effets de complaisance ne sont pas forcément nuls : ils peuvent avoir une cause juridique qui est le consentement du tiré accepteur* (Chambre des Requêtes de la Cour de Cassation, décembre 1909).

B) *La présentation d'effets de complaisance à un banquier-escompteur (et remise de fonds, par celui-ci) ne constitue pas une escroquerie, sauf si cette présentation est accompagnée de mise en scène ou manœuvres constitutives du délit puni par l'article 405 du Code pénal* (Arrêt du 22 octobre 1909, chambre criminelle de la Cour de Cassation).

La Cour de Cassation estime donc que l'effet de complaisance est un simple mensonge écrit, mais non une manœuvre frauduleuse, si sa présentation à un tiers n'est pas accompagnée de fausses lettres, fausses factures, etc.

BORDEREAU N° 1

Escompte serré
Papier un peu long

CONDITIONS

Intérêts { 1 % au-dessus du taux de la Banque = 4 %.
Minimum : 0f 25 par effet.

Commissions et changes { Bancable : 1/5.
Déplacé : 1/4.
Paris : 1/12.

PARIS, le 1er Septembre

SOMMES	VILLES		ÉCHÉANCES	INTÉRÊTS		CHANGE
				Jours	Taux	
1.500f 00	Evreux	Suc.	31 Octobre	60	4 %	1/5
1.750 00	Saint-Dié	Aux.	»	»	»	»
327 00	Saint-Florent	Rat.	15 Novembre	75	»	»
90 00	Vermenton	Dépl.	»	»	»	1/4
963 00	Migé	»	»	»	»	»
4.630f 00						

Intérêts à 4 % {
Min. s/. 90f = 0f 25
60 j. s/. 3.250 = 21 65
75 j. s/. 1.290 = 10 75

32f 65

Changes et commissions {
1/5 s/. 3.575f = 7f 15
1/4 s/. 90 = 0 25 (min.)
1/4 s/. 963 = 2 40

9f 80

42 45 | Changes et intérêts { 32f 65
9 80

4.587f 55 | Net, valeur 2 septembre.

BORDEREAU N° 2

Escompte serré
Papier court

CONDITIONS

Intérêts { 1 % au-dessus du taux de la Banque = 4 %.
Minimum : deux jours de plus que la Banque.

Commissions et changes { Bancable : 1/8.
Déplacé : 1/4.
Paris : 1/16.

PARIS, le 1er Septembre

SOMMES	VILLES	ÉCHÉANCES	INTÉRÊTS		CHANGE
			Jours	Taux	
1.500f 00	Agen.	Suc.	A vue	7	4 %	1/8
900 00	Aurillac	»	15 Septembre	14	»	»
1.600 00	Dôle	Aux.	»	»	»	»
500 00	Saint-Rambert.	Dépl.	»	»	»	1/4
375 00	Étréchy	»	»	»	»	»
4.875f 00						
		Intérêts à 4 %	{ 7 j. s/. 1.500f = 1f 15
14 j. s/. 3.375 = 5 25
——
6f 40			
		Changes	{ 1/8 s/. 4.000 = 3f 75
1/4 s/. 875 = 2 20
——
5f 95			
12 35	Intérêts et changes	{ 6f 40
5 95				
4.862f 65	Net, valeur 2 septembre.					

ESCOMPTE DES EFFETS DE COMMERCE

BORDEREAU N° 3

CONDITIONS

Escompte moyen
Papier moyen

Intérêts $\begin{cases} 1\,°/° \text{ au-dessus du taux de la} \\ \text{Banque} = 4\,°/°. \\ \text{Minimum : un jour de plus} \\ \text{que la Banque.} \end{cases}$

Commissions et changes $\begin{cases} \text{Bancable : 1/16.} \\ \text{Déplacé : 1/5.} \\ \text{Paris : au pair.} \end{cases}$

PARIS, le 1er Septembre

SOMMES	VILLES	ÉCHÉANCES	INTÉRÊTS		CHANGE
			Jours	Taux	
1.500f 00	Agen	Suc.	A vue	6	4 °/°	1/16
1.200 00	Autun	Aux.	»	9	»	»
950 00	Avranches	Rat.	»	9	»	»
800 00	Bar-le-Duc	Suc.	30 Septembre	29	»	»
800 00	Bergerac	Aux.	»	»	»	»
600 00	Béthune	Rat.	»	»	»	»
660 00	Redon	Dépl.	5 Octobre	34	»	1/5
6.510f 00						

Intérêts à 4 °/° $\begin{cases} 6 \text{ j. s/. } 1.500^f = 1^f\ 00 \\ 9 \text{ j. s/. } 2.150 = 2\ 15 \\ 29 \text{ j. s/. } 2.200 = 7\ 10 \\ 34 \text{ j. s/. } 660 = 2\ 50 \end{cases}$
$ \overline{12^f\ 75}$

Changes et commissions $\begin{cases} 1/16 \text{ s/. } 5.850 = 3^f\ 65 \\ 1/5 \text{ s/. } 660 = 1\ 30 \end{cases}$
$ \overline{4^f\ 95}$

17 70   Intérêts et changes $\begin{cases} 12^f\ 75 \\ 4\ 95 \end{cases}$

6.492f 30   Net, valeur 2 septembre.

BORDEREAU N° 4

Escompte réduit
Papier court

CONDITIONS

Intérêts
{ 1/4 % au-dessus du taux de la Banque = 3 1/4.
Minimum : un jour de plus qu'à la Banque. }

Commissions et changes
{ Paris : pair.
Bancable : 1/32.
Déplacé : 1/5. }

PARIS, le 1er Septembre

SOMMES	VILLES		ÉCHÉANCES	INTÉRÊTS		CHANGE
				Jours	Taux	
3.400f 00	Paris	B.	A vue	6	3 1/4 %	P.
927 00	Quimper	Suc.	10 Septembre	9	»	1/32
390 00	Montélimar	Aux.	»	»	»	»
750 00	Gannat	Rat.	15 Septembre	14	»	»
275 00	Givors	»	»	»	»	»
1.254 00	Redon	Dépl.	»	»	»	1/5
625 00	Jarny	»	»	»	»	»
7.621f 00						

Intérêts à 3 1/4 %
{ 6 j. s/. 3.400f = 1f 85
9 j. s/. 1.317 = 1 05
14 j. s/. 2.004 = 4 20
—————
7f 10 }

Changes et commissions
{ 1/32 s/. 2.342f = 0f 75
1/5 s/. 1.879 = 3 75
—————
4f 50 }

| 11 60 | Intérêts et changes. |
| 7.609f 40 | Net, valeur 2 septembre. |

Papier sur l'Étranger

Le papier étranger fait l'objet d'une étude spéciale dans les troisième et quatrième parties.

Mais, le papier tiré de France sur les pays étrangers, généralement libellé en monnaies françaises, n'est accepté par les banquiers escompteurs qu'aux conditions habituelles suivantes :

1° Minimum de perte sur changes de 25 centimes par effet ;

2° Les changes perçus restent acquis sur tous effets rendus impayés ou réclamés ;

3° Les cédants supporteront le timbre, la perte à la monnaie, les frais spéciaux d'envoi, les frais d'acceptation et tous autres frais supplémentaires d'encaissement ;

4° Les banquiers ne garantissent généralement pas la présentation et le protêt à bonne date ; ils se déclarent aussi irresponsables de la perte des effets à l'étranger ;

5° Ils exigent double et même triple exemplaire sur certains pays d'outre-mer.

Les effets français portent souvent :

Payable au cours du change à vue sur Paris,
ou bien :

En francs effectifs,

mentions équivalentes qui veulent dire que le tiré doit fournir au porteur une quantité de monnaie étrangère telle que celui-ci puisse se procurer immédiatement le *nombre de francs* porté sur la lettre de change.

Le tireur qui appose l'une de ces mentions sur une lettre de change exige donc du tiré étranger la couverture exacte de sa créance en *francs*, au jour de l'échéance.

Escompte des effets sur l'étranger par la Banque de France. — La Banque escompte les effets payables à l'étranger ou dans les colonies, pourvu qu'ils aient été soit créés en France, soit créés à l'étranger et adressés en règlement à des négociants résidant en France.

Si les effets sont libellés en *monnaies étrangères*, ils font l'objet d'un calcul provisoire de conversion en *francs*, qui sert de base à l'escompte. Lorsque le cours auquel la Banque reçoit couverture diffère du cours adopté pour le décompte primitif, le présentateur est débité, ou crédité, de la différence.

La Banque accepte également la remise à l'*encaissement* de *chèques* et *d'effets* à ordre payables à l'étranger (commission = 0,50 °/₀₀; minimum de perception = 0,25 par effet).

TROISIÈME PARTIE

DU CHANGE

DES CHANGES EN FRANCE

> « Les changes expriment les rapports entre les prix de quantités égales de métaux précieux en lieux différents. »
> Alph. Courtois.

Nous avons vu, dans la deuxième partie de cet ouvrage, que le banquier prélevait, sur les bordereaux qu'il escomptait, en plus de l'intérêt, *un change* variable.

Mais, le mot « change » a plusieurs significations. Il s'emploie aussi quand il s'agit de l'échange d'une monnaie contre une autre; du prix d'un effet de commerce d'un pays, évalué en monnaie étrangère.

On peut distinguer deux sortes de change :

1° Le change des effets de commerce ou autres valeurs à ordre payables dans un autre lieu que celui de leur création ou de leur négociation : *c'est le change tiré;*

2° Le change des matières métalliques et monnaies d'un État contre celles d'un autre État : *c'est le change manuel ou local.*

D'après l'article 76 du Code de commerce, les agents de change ont seuls le droit de négocier les lettres de change et d'en constater le cours.

Ils peuvent, concurremment avec les courtiers de marchandises, faire les négociations des matières métalliques, mais ils ont seuls le droit d'en constater le cours.

En fait, le principe posé par l'article 76 n'est pas suivi et les agents de change ont complètement abandonné aux banquiers et aux courtiers les négociations d'effets de commerce et des monnaies. Ces opérations se traitent néanmoins à la Bourse, de 1 heure à 3 heures, et dans un local attenant au Parquet des agents de change.

Le cours des changes est constaté et la cote des changes

est dressée tous les jours par un comité de quatre banquiers et de trois courtiers. Ces cours sont communiqués à la chambre syndicale des agents de change qui les publie dans la cote officielle. Plusieurs journaux la reproduisent également tous les jours.

Les ventes et achats de *devises étrangères*, en Bourse, se constatent par l'échange, entre les deux courtiers qui traitent une affaire, d'un *arrêté* (c'est une petite fiche portant imprimé le nom du courtier. Celui-ci y ajoute, au crayon, l'indication de la nature et du montant de la négociation, ainsi que tous les renseignements utiles pour la confection de l'aval : cours du change, perte, commissions).

Le papier sur l'Étranger, ainsi négocié, doit être livré à l'acheteur le jour même de la négociation.

Il est suivi, le lendemain, d'un bordereau de remise appelé **aval**, dont le montant *net* est payable *à présentation* : en espèces ou par un virement sur la Banque de France.

Ci-après, nous donnons l'*aval* décompté de la négociation de livres sterling à la Bourse de Paris.

Remarque. — *En principe, le commerce des monnaies et devises étrangères est libre en France.*

Cependant, des restrictions à cette liberté ont été apportées pendant la guerre 1914-1918 par les textes législatifs ci-après :

Loi du 1er août 1917 instituant un répertoire des opérations de change ;

Loi du 3 avril 1918 réglementant l'exportation des capitaux.

(*Voir l'étude complète de ces questions dans* « Taxes et impôts nouveaux », 2ᵉ *partie.* — Berger-Levrault, éditeurs.)

Explication des calculs de l'AVAL ci-contre

Échéances. — Il y a trois jours de grâce en Angleterre pour la présentation des lettres de change non tirées « à vue ». Les intérêts se calculent donc sur la date d'échéance, augmentée de trois jours.

AVAL de la négociation de Livres sterling, au taux de 4 1/8 % et au cours de 25 : 21 1/2
(L'escompte officiel du jour est 4 1/2)

Négocié par M. .... à M. ....

Paris, le 17 Décembre 1909.

	LIEUX de paiement	TIMBRES	CHANGES au tarif	DÉTAIL DES EFFETS			ESCOMPTE		
				sommes		échéances	jours	nombre	taux %
1.	Londres	13 Sch.	25,21 1/2	1 234	5 3	Février	65	80.210	
2.	»	4 —		309	4 5	Mars	79	17.411	
3.	»	2 —		152	15 6	»	82	12.464	4. 1/8
4.	»	42 —		4 106	8 6	»	101	414.706	
		3 : 1 : 0		£ 5 802	13 8	28/31		524.791	
								16.399	
	Intérêts à 4 1/8 % (Taux hors Banque)	= 60 : 2 : 5		63	3 5			541.190	4 1/8
	Timbres anglais	= 3 : 1 : 0							
		63 : 3 : 5		£ 5 739	10 3	à 25 : 21 1/2 =	144 721f80		
						Hors timbres français	=	37 00	
						Net......	144 684f80		

Nous supposons qu'il s'agit d'Effets sur l'Angleterre, créés à l'étranger et passant en France et nous calculons le timbre français à raison de 0f50 par 2.000 francs.
Si on se trouvait en présence d'Effets sur Londres créés en France, ils devraient supporter le timbre habituel de 0f20 par 100 francs.

Nombres. — Le tirage des nombres s'effectue par la méthode ordinaire, et l'on a :

$$1.234 \times 65 = 80.210$$
$$309 \times 79 = 17.411, \text{ etc.}$$

Le total : 524.791 étant supposé représenter le « nombre » à 4 °/₀, pour le ramener à 4 1/8, il suffit d'y ajouter 1/32 (4 × 8), soit 16.399.

Intérêts. — Le nouveau *nombre* : 541.190, divisé par le diviseur correspondant à 4 °/₀ (soit 90) donne :

$$\frac{541.190}{90} = 60 \text{ £}$$

plus une fraction qui est 0,1190.

Pour obtenir les *shillings* contenus dans 0,1190, il suffit de se rappeler que la *livre sterling* contient 20 *shillings* :

$$0,1190 \times 20 = 2 \text{ shillings}$$

plus une nouvelle fraction de 0,380, que l'on peut représenter par 5 *pence* environ :

$$0,380 \times 12 = 4.56$$

Considérations générales sur les changes

Les cours des métaux précieux et des effets de commerce sont essentiellement variables. Les échanges en papier et en monnaies, c'est-à-dire toutes les opérations de *change*, ont pour but principal de compenser les dettes entre pays [1].

Si un pays est débiteur d'un autre, lorsque la dette deviendra exigible, le débiteur recherchera, chez lui ou sur d'autres places, le papier sur son créancier. Pour obtenir ce papier, lui évitant un envoi d'or, il consentira même à payer une prime qui sera d'autant plus élevée que le papier sera plus recherché. Cela arrivera si le pays est fortement créancier d'un ou de plusieurs autres.

La première cause de la variation des changes est donc la situation des pays entre eux, par rapport au règlement de leurs dettes et créances.

---

[1] C'est cette *compensation des dettes* qui a causé une forte dépréciation des *devises* des Alliés sur les places des pays neutres, pendant la guerre 1914-1918, dès 1915.

D'autres causes, que nous nous bornerons à énumérer, viennent s'ajouter à la précédente, et influencer le cours des changes. Ce sont :

Les *perturbations politiques*, par leur répercussion sur l'escompte intérieur du pays ;

La *spéculation*, par l'abondance ou l'arrêt momentané des arbitrages de pays à pays ;

L'*abondance* plus ou moins grande de la circulation fiduciaire, par rapport à la quantité d'or possédée par le pays.

En 1784, Necker écrivait dans l'*Administration des Finances en France*, que : « *le tableau de la balance du commerce est la représentation des échanges d'un royaume* » et que « *cette balance paraît favorable à un pays lorsque la somme de ses exportations est plus considérable que celle de ses importations, et elle lui annonce une perte, lorsque, au contraire, il a plus acheté que vendu.* »

Actuellement, le *système mercantile* de Necker, ou balance du commerce, est à peu près abandonné par tous les économistes : les conditions du commerce moderne et des relations internationales se sont modifiées et les chiffres ne vérifient pas la théorie.

Paul Leroy-Beaulieu a dit : « Il ne faut pas s'alarmer, dans un vieux et riche pays, créancier du monde entier par ses placements, si l'importation des marchandises dépasse l'exportation ; c'est un phénomène naturel. Il ne peut en être autrement que dans les pays jeunes ou les pays pauvres qui, au lieu d'être les créanciers du reste du monde, sont les débiteurs des autres pays...

« Ce n'est pas les chiffres seuls de l'importation et de l'exportation qu'il faut considérer pour savoir si un pays est créancier ou débiteur de l'étranger, c'est le cours du change seul qui donne sur ce point des indications précises et immédiates ([1]). »

([1]) *Précis d'économie politique*, par Paul LEROY-BEAULIEU.
Citons encore, comme très utiles à consulter, les ouvrages suivants :
Cours complet d'économie politique, par J.-B. SAY ;
Sophismes Économiques, par Frédéric BASTIAT ;
Balance du Commerce, par Charles COQUELIN ;
Théorie des Changes étrangers, par Georges J. GOSCHEN ;
Traité des Opérations de Bourse et de Change, par Alp. COURTOIS.

Théorie des changes

Le commerce international ou extérieur se compose d'importations et d'exportations.

Un pays achète à un autre les marchandises brutes ou manufacturées, et les produits dont il a besoin, et lui vend ceux qu'il produit lui-même en quantité supérieure aux besoins de sa consommation.

Ces ventes et ces achats pourraient se régler en numéraire, mais cela serait un procédé coûteux, encombrant et dangereux :

Coûteux, parce que des métaux précieux ne se transporteraient pas sans grands frais à payer aux compagnies de transport et d'assurance ;

Encombrant, car une grosse somme, en or, représente un volume qui n'est pas négligeable ;

Dangereux, par suite des risques de vol ou de perte.

De plus, ce mode de paiement aurait l'inconvénient de raréfier le numéraire.

C'est grâce aux opérations de *change* que les règlements internationaux peuvent se faire facilement, régulièrement et avec le moins de déplacement possible de métal. Comment s'opérera le règlement, sans déplacement de numéraire, des dettes entre la France et l'Angleterre, par exemple ? Tout simplement par l'échange des tirages entre les commerçants de ces deux pays.

Ainsi, les commerçants anglais qui ont opéré des achats en France rechercheront à Londres les lettres de change tirées par ceux de leurs confrères anglais qui auront vendu des marchandises en France et les enverront en paiement à leurs vendeurs français.

De même, les négociants français qui auront acheté en Angleterre rechercheront à Paris des lettres de change tirées par des Français sur l'Angleterre, et les enverront en paiement à leurs vendeurs anglais.

Si les dettes entre les deux pays considérés ne sont pas égales et que l'un ait plus à payer qu'à recevoir, les lettres de change sur le pays davantage créancier seront très demandées et les acheteurs consentiront, pour se les procurer, à payer une *prime* qui sera au plus égale à la valeur intrinsèque de l'or, augmentée des frais de transport du numéraire (voir *Gold-point*), en période normale.

Ce sont ces transactions de valeurs et de monnaies entre les pays qui constituent les opérations de change.

Le change est la valeur commerciale, sur une place déterminée, de la monnaie métallique ou des effets de commerce d'un autre pays.

En nous plaçant uniquement au point de vue du marché de Paris, nous dirons :

1° Que le change est au *pair* avec une nation, lorsque nous achèterons ses monnaies à leur valeur intrinsèque ;

2° Que le change est *au-dessus du pair, en hausse*, ou *défavorable*, lorsque les monnaies d'un pays se paieront, à Paris, un prix supérieur à leur valeur intrinsèque. Nous serons alors *débiteurs* de ce pays ;

3° Que le change est *au-dessous du pair, en baisse*, ou *favorable*, lorsque les monnaies d'un pays se paieront, à Paris, un prix inférieur à leur valeur intrinsèque. Nous serons alors *créanciers* de ce pays.

Le change est dit *direct* quand il s'opère directement entre deux pays.

Il est *indirect* quand les règlements entre deux pays se font à l'aide de valeurs d'un ou de plusieurs autres pays, arbitrées entre elles.

Certain et incertain. — La manière de coter les devises étrangères à Paris s'appelle : donner l'incertain.

Ce qui veut dire qu'à une *quantité fixe* de monnaies ou de valeurs étrangères, correspond une *quantité variable ou incertaine* de monnaies françaises.

Par contre, les places qui, comme Londres, indiquent des quantités variables de monnaies étrangères correspondant à une quantité fixe ou certaine de monnaie du pays, *cotent le certain*.

New-York cote le Paris en certain et le Londres en incertain.

La cotation en *incertain* est la plus logique, car les effets de commerce et les métaux précieux étant des marchandises, leur prix en une quantité fixe doit s'énoncer, comme celui de toutes les marchandises, en une fraction variable de l'unité monétaire du pays.

Gold-point. — Les fluctuations de cours qui résultent des raisons exposées ci-dessus ont comme limites extrêmes, en hausse et en baisse, le prix de revient de la couverture en numéraire.

Les limites extrêmes entre lesquelles oscillent les changes, dans les pays à relations normales, s'appellent *Gold-point d'entrée* et *Gold-point de sortie*.

Lorsque le prix du papier est égal au prix du numéraire, le *gold-point* est atteint.

Si le change monte, le pays débiteur recherchera le papier sur son créancier, mais il arrêtera ses demandes lorsque ce prix deviendra égal ou supérieur à ce que coûterait l'achat et l'envoi d'or. Cette limite est le *gold-point de sortie* de l'or, du pays débiteur.

A ce *gold-point de sortie* du pays débiteur, correspond, pour le pays créancier, le *gold-point d'entrée* de l'or.

En résumé, on appellera, à *Paris* :

A) **Gold-point de sortie de l'or français**, *la limite* extrême que peut atteindre, en hausse, le cours du change, au-dessus de laquelle il deviendra avantageux, pour les débiteurs français, d'exporter de l'or français pour se couvrir de leurs dettes à l'étranger.

B) **Gold-point d'entrée de l'or étranger en France**, *la limite* extrême que peut atteindre, en baisse, le cours du change à Paris, au-dessous de laquelle il deviendra avantageux, pour les débiteurs étrangers, d'envoyer de l'or à leurs créanciers français.

Les *Silver-points* sont les limites des cours du change entre lesquelles on peut faire :

En hausse, des exportations d'argent ;
En baisse, des importations d'argent.

Les frais d'envoi : transports, assurance, douane et divers, des monnaies d'or se montent à environ 1^{f}50 pour 1.000 francs.

LA COTE DES CHANGES A PARIS

Depuis le 1ᵉʳ mai 1907, la coté des changes se fait à Paris sous la forme suivante :

Cote du 28 Août 1909

	CHANGES	CHÈQUE VERSEMENT PAPIER COURT		PAPIER A 3 MOIS		ESCOMPTES
1	Londres....	25ᶠ15 1/2	à 25ᶠ18 1/2	25ᶠ19	à 25ᶠ22	2 1/2 °/₀
2	Allemagne...	123 1/8	à 123 3/8	123 3/8	à 123 5/8	3 1/2 °/₀
3	Belgique...	99 5/8	à 99 3/4	99 13/16	à 99 15/16	3. °/₀
4	Espagne...	455	à 460	454	à 459	4 1/2 °/₀
5	Hollande..	207 5/8	à 208 1/8	207 3/4	à 208 1/4	2 1/2 °/₀
6	Italie....	99 9/16	à 99 13/16	99 13/16	à 100 1/16	5 °/₀
7	New-York...	515 1/4	à 518 1/4	514 3/4	à 517 3/4	6 °/₀
8	Portugal...	495	à 505	490	à 500	6 °/₀
9	St-Pétersbourg.	265 3/4	à 267 3/4	264 3/4	à 266 3/4	5 °/₀
10	Suisse..	99 21/32	à 100 3/32	100 1/8	à 100 1/4	3 °/₀
11	Vienne ...	104 3/4	à 105	104 7/8	à 105 1/8	4 °/₀

Avant cette date, la cotation se faisait en « valeurs se négociant à trois mois » et « valeurs se négociant à vue », avec cours pour « papier court » et « papier long », dans chaque catégorie, ce qui était d'autant moins commode que pour certains papiers il fallait *ajouter* les intérêts et les *retrancher* pour d'autres.

Le comité chargé de la cotation des changes a décidé qu'à partir du 1ᵉʳ mai 1907 :

1° Toutes les devises étrangères seront cotées comme se négociant *à vue;*

2° Les valeurs doivent être revêtues des timbres légaux, et cela aux frais du vendeur;

3° Pour le papier à échéance, le *vendeur* doit déduire à l'*acheteur* les intérêts calculés au taux officiel de la place de paiement, pour le nombre de jours à courir. On cote comme « papier court » celui qui a moins d'un mois à courir avant son échéance.

Chacune des colonnes de cours contient deux nombres. Le change le plus bas s'applique au papier de première classe, le plus haut aux maisons de commerce. La moyenne arithmétique des deux cours est également usitée.

Nous compléterons le tableau des changes en indiquant de quelle façon les devises étrangères y sont cotées :

	CHANGES SUR	QUANTITÉ COTÉE	VALEUR au pair
1	Londres	1 livre sterling.	25f 221
2	Allemagne	100 marks.	123 4587
3	Belgique	100 francs.	100 00
4	Espagne	500 pesetas.	500 00
5	Hollande	100 florins P. B.	208 30
6	Italie	100 lires.	100 00
7	New-York	100 dollars.	518 20
8	Portugal	100 milreis.	560 00
9	Saint-Pétersbourg	100 roubles.	266 18
10	Suisse	100 francs.	100 00
11	Vienne.	100 florins A.	105 00

La cote des changes de Paris se lira donc (*Cote du 28 août 1909*) :

1) 1 livre sterling (papier court) vaut. 25f 15 1/2 à 25f 18 1/2
2) 100 marks (papier long) valent. 123 3/8 à 123 5/8
4) 500 pesetas (papier court) valent. 455 — à 460
7) 100 dollars (papier long) valent. 514 3/4 à 517 3/4
9) 100 roubles (papier court) valent. 265 3/4 à 267 3/4

et ainsi de suite.

Les courtages prélevés, et qui sont à la charge du vendeur, varient généralement de 1/32 à 1/4 %.

Il faut ajouter que la plupart des transactions ou « changes » se font « franco courtage », le courtier ne prenant comme rémunération de ses services que la différence entre

LA COTE DES CHANGES A PARIS 123

les cours qu'il applique à ses clients et ceux qu'il a obtenus
lui-même.

Voici, d'autre part, les prix relevés sur la cote Jordaan
pour les *chèques* sur les diverses places du monde :

CHÈQUES 0f 25 de frais pour chaque effet au-dessous de 500 francs	30 AOÛT 1909		3 JANVIER 1910	
	achat franco	vente franco	achat franco	vente franco
	fr. c.	fr. c.	fr. c.	fr. c.
Allemagne (*Berlin, Hambourg, Francfort*)	123 13	123 16	123 10	123 10
— (*Places de Banque*)	123 07	123 22	123 04	123 19
Angleterre	25 165	25 1725	25 165	25 1725
Argentine	218 00	221 25	218 00	221 25
Autriche	104 95	105 60	104 51	104 56
Belgique (*Bruxelles et Anvers*)	99 70	99 73	99 58	99 61
Brésil	157 50	160 75	157 25	160 50
Canada (*Montréal, Québec, Winnipeg*)	515 875	516 875	515 60	516 70
Cape Colony, Natal et Transvaal	24 81	25 31	24 83	25 33
Chili	1 00	1 14	1 00	1 14
Égypte (*Alexandrie et le Caire*)	25 69	25 82	25 74	25 87
Espagne	91 125	91 525	92 75	93 25
États-Unis (*New-York*)	516 125	516 725	515 70	516 30
— (*Câble New-York*)	516 625	516 90	516 65	516 90
Grèce	96 00	97 00	97 85	99 75
Indes Anglaises	166 25	167 60	167 50	169 50
Italie (*Rome, Milan, Gênes*)	99 71	99 76	99 42	99 48
Japon	2 54	2 58	2 54	2 58
Mexique	254 50	257 25	254 50	257 25
Pays-Bas (*Java avec 1 °/o*)	207 85	207 94	207 90	208 10
Portugal	491 00	500 75	489 50	499 00
Roumanie	99 345	100 00	98 00	98 75
Russie	266 575	266 80	265 975	266 20
— (*Giro Banque de l'État*)	266 275	266 975	265 725	266 45
Scandinavie (*Christiania, Copenhague, Stockholm*)	138 175	138 425	138 00	138 35
Suisse (*Bâle, Genève, Zurich*)	100 015	100 05	99 85	99 89
Turquie	22 78	22 96	22 78	22 96

Les cours s'entendent pour les capitales et les villes indiquées. Pour les
places secondaires, il y a une commission de 0f 50 à 1f 50 °/oo.
(Cote Jordaan et Co, 5, rue Laffitte; bureau de change, 23, boulevard des
Italiens.)

Remarque. — Les calculs relatifs aux changes, connaissant les quantités cotées, ne présentent pas de difficultés
lorsque les monnaies étrangères suivent le système déci-

mal. Mais, pour les pays suivants : l'Angleterre, l'Égypte, les Indes, la Turquie, qui n'ont pas adopté le système décimal, les calculs sont un peu plus compliqués. On peut, dans ces cas-là, soit réduire les unités inférieures en nombres décimaux, lorsque cela est possible ; soit calculer séparément la valeur au change de chaque unité inférieure. Il faut, pour cela, savoir que :

1° La livre sterling d'Angleterre $=$ 20 shillings $=$ 240 pences.
2° La livre turque $=$ 100 piastres $=$ 4 000 paras $=$ 12 000 aspres.
3° La roupie des Indes $=$ 16 annas $=$ 192 pies.

A l'aide de la cote officielle des changes, donnée précédemment, nous allons effectuer quelques calculs, à titre d'exemple :

1er Problème. — Quel est le montant du chèque sur Berlin qui doit être acheté, pour couvrir 2.350 francs, au cours de 123 1/8 ?

On a donc :

$$123^f 125 = 100 \text{ marks}$$
$$1^f = \frac{100}{123^f 125}$$
$$2.350^f = \frac{100 \times 2.350}{123^f 125} = 1.908^{mk} 61$$

2e Problème. — Que coûte, à Paris, l'achat d'un chèque sur Londres de £ 150 : 3 : 8, au cours de 25,17 ?

A) En calculant pas à pas, nous aurons :

$$1 \text{ £} = 25^f 17$$
$$1 \text{ sch.} = \frac{25^f 17}{20} = 1^f 2585$$
$$1 \text{ p.} = \frac{1^f 2585}{12} = 0^f 10487$$

Donc :

£ 150 $=$ 25,17 $\times$ 150 $=$ 3.775^f 500
sh. 3 $=$ 1.2585 $\times$ 3 $=$ 3 775
p. 8 $=$ 0,10487 $\times$ 8 $=$ 0 838
£ 150 : 3 : 8 $=$ 3.780^f 113

B) Mais, si nous réduisons les *shillings* et les *pence* en nombres décimaux, nous aurons :

$$1 \text{ sh.} = \frac{1}{20} \text{ de } £ = \frac{5}{100} \text{ de } £$$

ce qui revient à multiplier le nombre de shillings par cinq et à faire occuper au dernier chiffre à droite du produit la place des centièmes.
Donc :

$$3 \text{ sh.} = 0 \ £ \ 15$$

D'autre part :

$$1 \text{ p.} = \frac{1}{240} \text{ de } £$$
$$= \frac{4,166}{1.000} \text{ de } £$$

ce qui revient à multiplier le nombre des *pence* par 4,166 et à faire occuper au dernier chiffre à droite du produit *entier* le rang des millièmes.
Donc :

$$8 \text{ p.} = 0 \ £, 0333$$

On aura donc :

$$\begin{array}{r} 150 \ £, \\ + 3 \text{ sh.} = \ \ 0 \ £, 15 \\ + 8 \text{ p.} = \ \ 0 \ £, 0333 \\ \hline 150 \ £, 1833 \end{array}$$

et au cours indiqué 25,17 :

$$150,1833 \times 25,17 = 3.780^f 113$$

C) Ce procédé est un peu long dans sa deuxième partie (réduction des pence en nombres décimaux) et dans la pratique, on se borne souvent à compter 10 centimes par penny. L'erreur ainsi commise n'est que de 4 millièmes par penny, et elle peut être considérée comme négligeable.

Dans le calcul précédent, on aurait donc :

$$150{,}15 \times 25{,}17 = 3.779^f\,27$$
$$+\ 8\ \text{p. à } 0^f\,10 = \underline{0\,80}$$
$$3.780^f\,07$$

La différence avec les chiffres obtenus précédemment ne serait que de 4 centimes pour 3.700 francs ; elle pourrait du reste se corriger en ajoutant au total de l'achat, 1 centime par 1.000 francs.

3ᵉ Problème. — Que coûte, à Paris, un effet à quinze jours sur Berlin, de 200 marks ?

Le cours se trouve dans la colonne « papier court » où l'on relève : 123 1/8 à 123 3/8. Supposons que l'achat se fasse au cours intermédiaire 123 1/4 ou 123,25.

A *vue*, la lettre de change coûterait :

$$123{,}25 \times 2 = 246^f\,50$$

A quinze jours de vue, le vendeur doit bonifier à l'acheteur quinze jours d'intérêts au taux officiel allemand qui est 3,5 %, soit : 0,359.

200 marks à quinze jours vaudront donc :

$$246^f\,50 - 0{,}359 = 246^f\,141$$

Parité et nivellement

On appelle nivellement des cours, l'opération qui a pour but de ramener les cours à une même échéance, de façon à les rendre comparables. Les différentes places *Cambistes* (marchés des changes) ne cotent pas toutes de la même façon, il faut donc ramener les cours à *vue*. D'autre part, si l'on traite la négociation d'une valeur à échéance, il faut ramener les cours à leur valeur exacte, qui est obtenue en déduisant du cours à vue le produit de l'escompte, au taux de la place où se fera le paiement.

Lorsque, entre deux places étrangères, la prime au-dessus du pair d'un des pays est proportionnelle à la prime au-dessous du pair de l'autre, on dit que les changes sont à la *parité*.

Pour rechercher si les changes sont à la parité, on ramène les cours à vue s'ils ne le sont pas. Si les deux places considérées donnent l'une le *certain* et l'autre l'*incertain*, comme Paris et Londres, les cours pour être à la parité doivent être égaux et l'on doit avoir, par exemple :

$$\text{Paris/Londres, chèque} = 25^f 15$$
$$\text{Londres/Paris, versement} = 25.15$$

Si les deux places donnent toutes deux le *certain* ou toutes deux l'*incertain*, un simple calcul permet d'exprimer les cours de la même façon :

Ainsi, si Paris cote Berlin 123,25 à vue, pour qu'il y ait *parité*, il faudra qu'à Berlin le *Paris à vue* soit coté :

Marks 81,13.

En effet, on a :

$$123^f 25 = 100 \text{ marks}$$
$$1^f = \frac{100}{123^f 25}$$
$$(1) \qquad 100^f = \frac{100 \times 100}{123^f 25} = 81^f 13$$

Entre Paris et Berlin, ainsi qu'entre toutes les places qui se donnent réciproquement l'*incertain* et *par 100 unités*, on remarquera qu'il découle de l'égalité (1) ci-dessus, qu'il y a parité lorsque le produit des cours à vue sur les deux places est égal à 10.000 (100 × 100) [81,13 × 123,25 = 10.000 sauf décimales négligées].

Des arbitrages

Les banquiers-arbitragistes sont ceux qui recherchent

les valeurs de tel ou tel pays, d'ordre de leur clientèle, qui s'en sert pour régler ses dettes exigibles.

Mais, ces règlements ne se font pas toujours au *change direct*, c'est-à-dire par l'achat ou la vente directe des valeurs entre les deux pays intéressés à un même règlement. Lorsque plusieurs places interviennent dans ces mouvements compensateurs, nous avons vu que le *change est appelé indirect*.

L'*arbitragiste* cherche donc, en examinant les cours des différentes devises, par quelle suite d'opérations sur une ou plusieurs places, il arrivera à régler, au mieux de ses intérêts, une dette donnée.

Arbitrage direct

Exemple : *Etant donnés les cours suivants* :

Paris/Saint-Pétersbourg : 266,75 à vue
Saint-Pétersbourg/Paris : 37,44 à vue

faire une remise entre ces deux places et examiner la situation des arbitragistes ?

L'arbitragiste *parisien* achète 1.000 roubles à vue qu'il paie :

$$266{,}75 \times 10 = 2.667^f50$$

Il envoie cette valeur à Saint-Pétersbourg, son correspondant l'encaisse et lui achète un chèque sur Paris de :

$$\frac{100 \times 1.000}{37{,}44} = 2.670^f94$$

qu'il lui adresse.

L'arbitragiste parisien a donc gagné :

$$2.670^f94 - 2.667^f50 = 3^f44$$

Un calcul identique se ferait, en prenant pour origine

une remise de 1.000 francs de Saint-Pétersbourg sur Paris. Il donnerait la situation de l'arbitragiste russe.

Arbitrages indirects

Pour pouvoir comparer utilement les cours des places considérées en vue d'un arbitrage, il faut les exprimer en *francs*. Ces calculs se font à l'aide de la *règle conjointe*, ou *règle de chaîne*, qui n'est autre chose qu'une règle de trois composée.

Règle conjointe

On inscrit la question posée sous forme d'égalité.

On inscrit ensuite des égalités successives telles que le deuxième terme de chaque égalité soit de la même nature et de même échéance que le premier terme de l'égalité suivante. Enfin, le deuxième terme de la dernière égalité doit être aussi de même nature et à la même échéance que le premier terme de la première égalité, c'est-à-dire l'inconnue du problème.

Cette inconnue est égale au quotient du produit des égalités de droite par le produit de celles de gauche, dans le tableau ainsi formé.

Exemple : *Étant données les cotes ci-dessous de Londres et de Paris, déterminer le prix en* FRANCS *de la* LIVRE STERLING *à Amsterdam et à Saint-Pétersbourg.*

Cote de Paris :
- Londres . . . . . . 25,16 à vue
- Amsterdam . . . . . . 208 —
- Saint-Pétersbourg . . . 266,75 —

Cote de Londres :
- Paris . . . . 25,16 à vue
- Amsterdam . . . . . . 12,2 —
- Saint-Pétersbourg . . . 25 —

1° Arbitrage de l'*Amsterdam*

Soit x le prix de la livre sterling. On a les égalités successives :

$$\text{Conjointe} : \begin{cases} x \text{ fr.} = 1 \text{ £} \\ 1 \text{ £} = 12,2 \text{ fl.} \\ 100 \text{ fl.} = 208 \text{ fr.} \end{cases}$$

En multipliant ces égalités membre à membre, on a :

$$x \times 1 \times 100 = 1 \times 12,2 \times 208$$

d'où :

$$x = \frac{12,2 \times 208}{100} = 25^{\text{f}} 376$$

La livre sterling vaut donc 25^f 376 à Amsterdam.

2° Arbitrage du *Saint-Pétersbourg*

On a :

$$\text{Conjointe} : \begin{cases} x \text{ fr.} = 1 \text{ £} \\ 1 \text{ £} = 240 \text{ pence} \\ 25 \text{ pence} = 1 \text{ rouble} \\ 100 \text{ roubles} = 266^{\text{f}} 75 \end{cases}$$

et ensuite :

$$x \times 1 \times 25 \times 100 = 1 \times 240 \times 1 \times 266^{\text{f}} 75$$

d'où :

$$x = \frac{240 \times 266,75}{25 \times 100} = 25^{\text{f}} 608$$

La livre sterling vaut à Saint-Pétersbourg 25^f 608.

En résumé, si Paris *doit* à Londres, le débiteur n'aura pas avantage à opérer indirectement par Amsterdam ou

Saint-Pétersbourg. La voie directe est la plus avantageuse dans ce cas.

Si, au contraire, le calcul par Saint-Pétersbourg nous avait donné $25^f 10$ par exemple, le débiteur parisien achèterait, à Paris, des roubles avec des francs et échangerait ces roubles contre des livres sterling.

Si c'était Londres qui *devait* à Paris, Paris tirerait sur Londres par Saint-Pétersbourg. Car, en tirant sur Londres et en demandant l'équivalent en papier sur Saint-Pétersbourg, il obtiendrait, par cette place, la somme en francs la plus forte pour la livre sterling.

Dans tous les calculs précédents nous avons supposé des cours « à vue ». Mais les différentes places ne cotent pas toutes « à vue ». Il faut alors *niveler* les cours, ainsi que nous l'avons expliqué précédemment.

Les explications et les calculs précédents nous permettent de déduire quelques remarques qui termineront le chapitre des arbitrages :

Le *débiteur* cherche à se couvrir au plus bas, c'est-à-dire au meilleur marché possible ;

Le *créancier* cherche à se faire couvrir au plus haut, pour négocier avec bénéfice les tirages reçus en paiement.

Donc :

Le débiteur parisien *fait tirer* de la place étrangère sur lui, si la parité du cours de cette place est *inférieure* au cours parisien. — Au contraire, il *fait une remise* à la place étrangère, si la parité du cours de cette place est *supérieure* au cours parisien.

Le créancier parisien *vend* à Paris ses tirages sur son débiteur étranger, si la parité du cours de la place étrangère est *inférieure* au cours parisien. — Au contraire, il *se fait remettre* une lettre de change par son débiteur étranger, si la parité du cours étranger est *supérieure* au cours parisien.

Afin de faciliter les exercices sur les changes indirects et les arbitrages, nous donnons, dans les deux pages qui suivent, un résumé des cours des changes dans les principales places cambistes, ainsi que l'indication du taux de l'escompte pratiqué (¹).

---

(1) OUVRAGES UTILES A CONSULTER

Encyclopédie du Commerce, de l'Industrie et de la Finance. — Gilis, Bruxelles.
Revue de la Banque et du Commerce. — J. Marchal, Le Havre.
Changes et Arbitrages. — J. Parizot, Paris.
Le Rentier. — A. Neymarck, Paris : articles divers.
Taxes et impôts nouveaux (1918) : Les nouvelles taxes commerciales, réglementations financières, etc., par F. J. Combat. — Berger-Levrault, éditeurs, Paris.

TABLEAUX

Changes et escompte (1)

Alexandrie (27 août)

Londres vue P. T.	97 5/16
Paris vue	386 1/4
Allemagne 3/j vue	475 3/4

Alexandrie (24 décembre)

Londres vue P. T.	97 5/16
Paris vue	386,00
Allemagne 3/j vue	475,00

Amsterdam (1er septembre)

Paris c/j	48,05
— 2/m	47,75
Belgique c/j	47,92 1/2
Madrid 3/m	215,00
Italie 3/m	47,27 1/2
Vienne 3/m	49,7/8
Allemagne c/j	59,16 1/4
— 3/m	58,57 1/2
Londres c/j	12,09 1/2
— 2/m	12,03
St-Pétersbourg 3/m	126 3/8
Suisse c/j	48,07 1/2
— 3/m	47 65

Amsterdam (30 décembre)

Paris vue	48,15
— 2/m	47,80
Belgique vue	47,96
Madrid vue	»
Italie vue	47,85
Vienne vue	50,31
Allemagne vue	59,33
— 3/m	58,47 1/2
Londres vue	12,12 1/4
— 2/m	12,02
St-Pétersbourg vue	128 1/8
Suisse vue	48,07
— 3/m	47,47 3/2

Monnaies

Guillaume d'or	9,95
Livre anglaise	12,10
Pièce de 20 fr.	9,65
— de 20 mks	11,85
Or en barres	1.650,00
Argent en barres	42 1/2

Monnaies

Guillaume d'or	9,95
Livre anglaise	12,12 1/2
Pièce de 20 fr.	9,65
— de 20 mks	11,87 1/2
Or en barres	1.650 00
Argent en barres	42,00

Escompte

Officiel	2 1/2
Prolongation	1 1/4

Escompte

Officiel	3,00
Prolongation	3 7/8

Anvers (1er septembre)

Amsterdam c/j	208,60
Allemagne c/j	123,40
Londres vue	25,25
Paris c/j	100,30 3/4

Anvers (30 décembre)

Amsterdam c/j	208 62 1/2
Allemagne c/j	123,75
Londres vue	25,29
Paris c/j	100,42 1/2

(1) Cotes de 1909.

Athènes (21 août)

Paris vue 102 1/4

Barcelone (1er septembre)

Paris 9,20

Berlin (1er septembre)

Belgique 8/j 80,92 1/2
— 2/m . . . . »
Amsterdam 8/j . . . 168,80
Londres vue 20,41
Paris vue 81,15
Vienne 8/j 85,15
Roubles compt . . . 216,95
Italie vue 81,00

Monnaies

Livre anglaise . . . 20,43 1/2
Pièce de 20 fr . . . 16,24 1/2

Escompte

Officiel 3 1/2
Hors banque 2 3/8

Bombay-Calcutta (31 août)

Londres câble 0-1-3 . . 27/32

Bruxelles (1er septembre)

Amsterdam vue . . . 208,55
Allemagne vue . . . 123,50
Londres vue 25,23 3/4
Paris vue 100,25
Vienne vue 105,25
Madrid vue 91,75
St-Pétersbourg vue . 267,37 1/2
Coupons métall . . . 105,00

Escompte

Officiel 3,00
Hors banque 1 11/16

Bucarest (30 août)

Londres vue 25,20
Paris vue 100,05
Vienne vue 105,05
Berlin vue 123,30
Allemagne 3/m . . . 122,55
Belgique vue 99,80

Escompte officiel . . 5,00

Athènes (25 décembre)

Paris vue 100 1/8

Barcelone (30 décembre)

Paris 7,60

Berlin (30 décembre)

Belgique 8/j 80,75
— 2/m . . . . »
Amsterdam 8/j . . . 168,45
Londres vue 20,41 1/2
Paris vue 81,12 1/2
Vienne 8/j 84,72 1/2
Roubles compt . . . 215,90
Italie vue 80,65

Monnaies

Livre anglaise . . . 20,39 1/2
Pièce de 20 fr . . . 16,23

Escompte

Officiel 5,00
Hors banque 4 1/4

Bombay-Calcutta (29 déc.)

Londres câble 0-1-4 . . 1/8

Bruxelles (30 décembre)

Amsterdam vue . . . 208,52 1/2
Allemagne vue . . . 123,67 1/2
Londres vue 25,27 1/2
Paris vue 100,37 1/2
Vienne vue 104,87 1/2
Madrid vue 93,37 1/2
St-Pétersbourg vue . 267,00
Coupons métall . . . 104,50

Escompte

Officiel 3 1/2
Hors banque 2 3/4

Bucarest (25 décembre)

Londres vue 25,56 1/4
Paris vue 101,50
Vienne vue 106,10
Berlin vue 125,05
Allemagne 3/m . . . 123,60
Belgique vue 101,02 1/2

Escompte officiel . . 5,00

COTES ÉTRANGÈRES

Buenos-Aires (31 août)
Prime sur l'or ... 127,27

Buenos-Aires (29 décembre)
Prime sur l'or ... 127,27

Constantinople (31 août)
Londres vue ... 110,05
Paris vue ... 22,86 1/4

Constantinople (29 décembre)
Londres vue ... 110,05
Paris vue ... 22,82 5/8

Monnaies
Livre sterling ... 109,23
Pièce de 20 fr. ... 87,11

Monnaies
Livre sterling ... 110,06
Pièce de 20 fr. ... 87,14

Genève (31 août)
France vue ... 99,97
Belgique vue ... 99,67 1/2
Londres vue ... 25,16
Allemagne vue ... 123,10
Vienne vue ... 104,95

Genève (29 décembre)
France vue ... 100,14 1/2
Belgique vue ... 99,72 1/2
Londres vue ... 25,21 1/2
Allemagne vue ... 123,37 1/2
Vienne vue ... 104,65

Hong-Kong (31 août)
Londres câble 0-1-8 ... 15/16

Hong-Kong (29 décembre)
Londres câble 0-1-9 ... 1/2

Lisbonne (31 août)
Paris vue ... 596,00
Londres vue ... 48,00
Prime sur l'or ... 10 1/2

Lisbonne (29 décembre)
Paris vue ... 608,00
Londres vue ... 47,00
Prime sur l'or ... 12 1/2

Londres (31 août)
Amsterdam c/j ... 12,2 1/8
Belgique 3/m ... 25,38 3/4
Allemagne 3/m ... 20,58
Paris c/j ... 25,17 1/2
Autriche 3/m ... 24,25
St-Pétersbourg 3/m ... 25 1/16
Italie 3/m ... 25,48 3/4
New-York vue ... 48 7/8
Espagne 3/m ... 42 15/16
Portugal 3/m ... 47 7/16
Argent en barres ... 24,00

Londres (28 décembre)
Amsterdam c/j ... 12,2 7/8
Belgique 3/m ... 25,51 1/4
Allemagne 3/m ... 20,73
Paris c/j ... 25,22 1/2
Autriche 3/m ... 24,41
St-Pétersbourg 3/m ... 24 15/16
Italie 3/m ... 25,66 1/4
New-York 2/m ... 48 11/16
Espagne 2/m ... 43 3/8
Portugal 3/m ... 46 3/4
Argent en barres ... 24 1/4

Escompte
Officiel ... 2 1/2
Hors banque ... 1 3/8

Escompte
Officiel ... 4 1/2
Hors banque ... 3 1/2

Madrid (31 août)
Londres vue ... 27,515
Paris vue ... 109,325

Escompte ... 4 1/2

Prime sur l'or ... 9,25

Madrid (29 décembre)
Londres vue ... 27,08
Paris vue ... 107,20

Escompte ... 4 1/2

Prime sur l'or ... 7,45

LES EFFETS DE COMMERCE

New-York (31 août)

Câbles transf.	4,86 3/4
Londres 2/m	4,85.05
Paris c/j	5,16 7/8
Berlin c/j	95 1/4

Paris (1er septembre)

Londres vue	25,16 1/2
— c/j	25,16 1/2
— 3/m	25,20
Suisse c/j	100 1/32
Vienne c/j	104 15/16
Italie c/j	99 23/32
Lisbonne c/j	503,00
Amsterdam c/j	208 1/16
Allemagne c/j	123 1/8
— 3/m	123 17/32
Belgique c/j	99 23/32
— 3/m	100 1/32
Madrid c/j	457 1/4
New-York (or) c/j	5,16 7/8
Rouble compt	266 3/4

Escompte

Officiel	3,00
Hors banque	1 3/8

Rio-de-Janeiro (31 août)

Londres	15 5/32

Rome (1er septembre)

Londres vue	25,23 1/2
France vue	100,28 3/4
Allemagne vue	123,52 1/2

Saint-Pétersbourg (1er sept.)

Londres vue	94,32
Berlin vue	46,13
Paris vue	37,44

Escompte officiel 5,00

Shanghaï (31 août)

Londres câble	0.2.4

Singapore (31 août)

Londres câble	0.2.4

New-York (29 décembre)

Câbles transf.	4,87 1/2
Londres 2/m	4,84.15
Paris c/j	5,16 1/4
Berlin c/j	95 1/4

Paris (30 décembre)

Londres vue	25,19
— c/j	25,19
— 3/m	25,23 1/2
Suisse c/j	99 27/32
Vienne c/j	104 9/16
Italie c/j	99 7/16
Lisbonne c/j	500,00
Amsterdam	207 23/32
Allemagne c/j	123 3/16
— 3/m	123 7/16
Belgique c/j	99 5/8
— 3/m	99 13/16
Madrid c/j	465 1/2
New-York (or) c/j	5,15 7/8
Rouble compt	266 1/8

Escompte

Officiel	3,00
Hors banque	2 3/4

Rio-de-Janeiro (29 décembre)

Londres	15 9/32

Rome (30 décembre)

Londres vue	25,31 1/2
France vue	100,48 3/4
Allemagne vue	123,95

Saint-Pétersbourg (30 déc.)

Londres vue	94,65
Berlin vue	46,28
Paris vue	37,57

Escompte officiel 4 1/2

Shanghaï (29 décembre)

Londres câble	0.2.4 5/8

Singapore (29 décembre)

Londres câble	0.2.4 1/8

COTES ÉTRANGÈRES

Valparaiso (31 août)

Londres 4/m 10 3/16

Vienne (31 août)

Amsterdam vue. . . . 198,00
Allemagne vue 117,40
Londres vue 239,80
Italie vue 95,01 1/4
Paris vue 95,30
Suisse vue 95,30

Monnaies

Napoléon 19,06 1/2
Livre sterling 23,99
Pièce de 20 mks . . . 23,50 1/2
Ducat 11,37

Escompte officiel . . . 4,00

Yokohama (31 août)

Londres câble 0-2-0 . . 9/16

Valparaiso (29 décembre)

Londres 4/m 11 3/32

Vienne (29 décembre)

Amsterdam vue 199,00
Allemagne vue 117,90
Londres vue 240,85
Italie vue 95,12 1/2
Paris vue 95,65
Suisse vue 95,55

Monnaies

Napoléon 19,16
Livre sterling 24,17 1/2
Pièce de 20 mks . . . 23,55
Ducat 11,38

Escompte officiel . . . 4,00

Yokohama (29 décembre)

Londres câble 0-2-0 . . 3/8

Cours publiés par le *Moniteur des Intérêts matériels* (3 septembre 1909 et 2 janvier 1910). Bruxelles : 27, place de Louvain ; Paris, 23, rue Chauchat.

QUATRIÈME PARTIE

MATIÈRES D'OR ET D'ARGENT

MATIÈRES D'OR ET D'ARGENT

Argent

Le 1er et le 2e titre sont marqués 1 et 2 au poinçon.
Le 1er titre est au 0,950. Le kilo vaut 208f 87.
Le 2e titre est au 0,800. Le kilo vaut 175f 78.
La vaisselle d'argent vaut :

Vaisselle anglaise . . . . 203f 57 le kilo
Vaisselle d'Allemagne . . . . . . 168. 06 —
Vaisselle de Hambourg. . . . . . 136 ». —

Le contrôle de l'argent coûte 1 centime par gramme, plus 10 %, plus l'essai.
Les objets essayés à la coupelle paient un droit de 80 centimes pour 2 kilos.
Les objets essayés à la pierre de touche paient un droit de 20 centimes par 100 grammes, jusqu'à 400 grammes. Au delà, le prix de l'essai est de 80 centimes par 2 kilos.

Or

Les objets en or peuvent être à trois titres :

1er titre = 0,920 (poinçon 1)
2e — = 0,840 (poinçon 2)
3e — = 0,750

La valeur du kilo s'établit comme suit :

1er titre = 3.151f 72 le kilo
2e — = 2.876 76 —
3e — = 2.567 75 —
Médailles = 3.148 29 —

LES EFFETS DE COMMERCE

Le contrôle des matières en or coûte 20 centimes par gramme, plus 10 °/₀, plus l'essai.

L'essai à la coupelle coûte 3 francs par 120 grammes.

L'essai à la pierre de touche coûte 9 centimes par 10 grammes.

Monnaies françaises

La France est au régime du « *bimétallisme* imparfait », c'est-à-dire que l'*or* et une partie seulement de la *monnaie d'argent* ont pouvoir libératoire.

Il nous paraît inutile de nous étendre longuement sur les *monnaies françaises*, cette question étant traitée dans toutes les arithmétiques ([1]).

Nous donnerons simplement quelques tableaux résumant ce qu'il est indispensable de se rappeler :

Tableau des monnaies françaises

	PIÈCES	TITRE	POIDS	TOLÉRANCE titre	TOLÉRANCE poids	DIAMÈTRE	NOMBRE de pièces au kilo
	Francs		Gramm.	°/₀₀	°/₀₀	Millim.	
	100 »	0,900	32,258	2	1	35	31
Or	20 »	»	6,451	»	2	21	155
	10 »	»	3,225	»	2 1/2	19	310
	5 »	0,900	25 »	3	3	37	40
Argent	2 »	0,835	10 »	»	3	27	100
	1 »	»	5 »	»	5	23	200
	0,50 »	»	2,5	»	7	18	400

([1]) Voir *Manuel d'Arithmétique*, par POIRIER et SAILLARD, page 111. Berger-Levrault et Cⁱᵉ, éditeurs. 4ᶠ 50.

Hôtel des Monnaies

L'État seul a le droit de battre monnaie. Il n'y a plus, en France, qu'un seul Hôtel des Monnaies, à Paris.
Les frais de monnayage sont les suivants :

6^f 70 par kilo d'or à 0,9
1 50 par kilo d'argent à 0,9

Les deux tableaux suivants donnent la valeur au tarif et la valeur au pair de 1 kilo d'or à des titres divers; et la valeur *relative* de la monnaie d'argent :

Valeur de 1 kilo d'or

TITRES	VALEUR AU TARIF	VALEUR AU PAIR
1.000	3.437^f »	3.444 44
900	3.093 30	3.100 »
800	2.749 60	2.755 56
700	2.405 90	2.411 11

Valeur de 1 kilo d'argent

TITRES	VALEUR RELATIVE	VALEUR AU PAIR
1.000	220^f 56	222 22
900	198 50	200 »
800	176 44	177 79
700	154 40	155 56

Union monétaire latine

Par un traité signé le 23 décembre 1865, la France, l'Italie, la Belgique et la Suisse ont adopté le même système monétaire, avec le *franc* pour base et le *double étalon* pour régime.

La Grèce et la Roumanie ont ensuite adhéré à l'Union latine.

CHANGE DES MONNAIES ET DES VALEURS MÉTALLIQUES

Toute monnaie peut être considérée comme ayant trois valeurs :

1° Sa *valeur intrinsèque* ou *valeur au pair*, qui est la valeur de la monnaie ou du lingot, en tenant uniquement compte de la quantité de métal fin (or ou argent pur) qu'il contient ;

2° Sa *valeur au tarif*, qui est égale à sa valeur au pair, diminuée des frais de monnayage, de l'usure (ou *frai*), du prix du transport ;

3° Enfin sa *valeur commerciale* ou valeur au cours du jour.

Les deux premières valeurs des monnaies sont publiées chaque année en France, par les soins de l'administration des monnaies, dans l'*Annuaire du Bureau des longitudes*. La troisième valeur, ainsi que la valeur des lingots, est publiée chaque jour de bourse, dans la cote officielle, par les soins de la Chambre syndicale des agents de change.

Voici le relevé de cette cote pour la journée du 24 décembre 1909 :

Or, 1.000/1.000, le kilo : 3.437 francs.   Pair
Argent, 1.000/1.000, le kilo.   87, 50   à 89, 50
Souverains anglais.   25, 15   à 25, 18
Banknotes   25, 16 1/2 à 25, 19 1/2
Piastres mexicaines   2, 03   à 2, 06
Guillaumes (20 marks).   24, 72   à 24, 75
Nouvelles 1/2 Impériales de Russie.   20, 00   à 20, 00

On voit par ce tableau que Paris cote les *monnaies étrangères* sous la forme de *l'incertain*, c'est-à-dire de la même façon que les *changes-papier*.

Les calculs sur les monnaies étrangères (arbitrage direct,

arbitrage indirect) se font suivant les mêmes règles que ceux sur les lettres de change. Il y a lieu de tenir compte, en plus, des frais d'envoi et d'assurance des monnaies ou des lingots, ainsi que nous l'avons dit précédemment.

CINQUIÈME PARTIE

MONNAIES ÉTRANGÈRES
et
USAGES DES PRINCIPALES PLACES

NOTA

Conformément à la loi du 5 août 1914, les décrets des 27 septembre 1914 (Allemagne et Autriche) et 7 novembre 1915 (Bulgarie), *en raison de l'état de guerre* et *dans l'intérêt de la défense nationale*, ont interdit tout commerce avec les sujets des pays ennemis et les personnes y résidant.

De même, il est défendu auxdits sujets de se livrer, directement ou par personne interposée, à tout commerce sur le territoire français ou de protectorat français.

(Les dispositions ci-dessus sont destinées à être modifiées ou abrogées lors de la conclusion définitive de la paix.)

COTE DES BILLETS DE BANQUE ÉTRANGERS

(Cote JORDAAN et C°)

	30 AOÛT 1909		3 JANVIER 1910	
	achat franco	vente franco	achat franco	vente franco
	fr. c.	fr. c.	fr. c.	fr. c.
Algériens (minim. of 10 par billet)	99 85	99 95	99 85	99 95
Allemands	123 06	123 145	123 025	123 115
Américains, de 1 à 2 dollars	514 65	516 50	514 75	516 25
— de 5 à 10 dollars	515 15	516 55	514 90	516 25
— de 20 à 1.000 dollars	515 40	516 60	515 20	516 25
Anglais (Écosse, Irlande of 10 perte)	25 15	25 17	25 15	25 17
Argentins (coup. 1 et 2 : 0,02 moins)	217 25	220 80	217 25	220 80
Autrichiens	104 92	104 995	104 465	104 54
Belges (minimum of 10 par billet)	99 66	99 715	99 54	99 60
Brésil (coup. inf. à 5 mil. 0,02 moins)	152 60	157 50	155 00	160 00
Bulgares (or)	97 70	99 45	97 60	99 45
— (argent)	95 00	97 00	95 00	97 00
Canadiens (coup. 1 et 2 : 0,02 en moins)	515 025	516 725	515 10	516 10
Capcolony, Natal, Transvaal	24 70	25 25	24 70	25 25
Chiliens émission 1897	0 92	1 12	0 92	1 10
Détroits (Straits dollars)	2 74	2 89	2 74	2 89
— (Dollars mexicains)	2 02	2 16	2 02	2 16
Espagnols	90 975	91 475	92 70	93 20
Égyptiens	25 60	25 85	25 60	25 85
Finlandais	98 35	99 75	98 35	99 75
Grecs (coup. inf. à 5 : 0,02 en moins)	93 75	95 00	94 25	98 00
Hollandais (Java avec 1 %)	207 74	207 915	207 875	208 05
Indo-Anglais	163 50	167 00	164 50	168 00
Indo-Chinois	220 00	235 00	220 00	235 00
Italiens	99 68	99 74	99 37	99 47
Japonais or	2 53	2 575	2 53	2 575
Luxembourgeois	122 835	123 345	122 70	123 25
Mexicains	253 00	257 00	253 00	257 00
Portugais	490 00	500 00	488 00	498 00
Roumains	99 125	99 90	97 70	98 70
Russes (coup. inf. à 25 : 0,25 en moins)	266 125	266 89	265 30	266 10
Scandinaves	138 06	138 40	137 90	138 25
Serbes (or)	97 75	99 50	97 75	99 50
— (argent)	95 00	97 00	95 00	97 00
Suisses	99 96	100 05	99 80	99 875
Turcs (or)	22 80	22 90	22 80	22 92
Vénézuéliens	95 00	99 50	93 00	97 50

COTE DES MONNAIES ÉTRANGÈRES

(Cote JORDAAN et C°)

	30 AOUT 1909		3 JANVIER 1910	
	achat franco	vente franco	achat franco	vente franco
	fr. c.	fr. c.	fr. c.	fr. c.

OR

	achat 30/8/1909	vente 30/8/1909	achat 3/1/1910	vente 3/1/1910
Allemagne, 20 marks	24 60	24 64	24 59	24 625
— 10 marks	12 30	12 32	12 295	12 31
Angleterre, souverain gr. 7,97	25 13	25 155	25 13	25 16
— demis	12 565	12 5775	12 565	12 58
Argentine, 5 piastres	24 81	24 92	24 81	24 92
Autriche, 20 couronnes	20 90	21 00	20 80	20 92
Chili, pesos or	9 375	9 50	9 37	9 50
Egypte, livre	25 47	25 90	25 47	25 90
Espagne, grs. 8,06	24 80	24 87	24 80	24 87
— Isabellines grs. 8,36	25 50	25 70	25 50	25 70
Etats-Unis, 20 dollars grs. 33,4	103 00	103 40	103 00	103 40
— au-dessous de 20 dollars	514 00	517 00	514 00	517 00
France, pièces de 100 fr	100 00	101 00	100 00	101 00
— 5 fr	6 25	6 75	6 25	7 00
Pays-Bas	20 74	20 79	20 76	20 80
Russie, 5 roubles grs. 4,80	13 23	13 31	13 20	13 30
— 10 roubles	26 44	26 65	26 40	26 60
— Impériales anciennes	20 40	20 60	20 40	20 60
Scandinavie	137 80	138 80	137 50	138 40
Transvaal, souverains	24 90	25 20	25 00	25 25
Turquie, livres grs. 7,215	22 75	22 96	22 75	22 95
Vénézuéla, 20 bolivars	19 80	19 95	19 80	19 95

ARGENT

	achat 30/8/1909	vente 30/8/1909	achat 3/1/1910	vente 3/1/1910
Allemagne, mark	1 215	1 232	1 215	1 232
— thaler ancien	1 35	1 60	1 35	1 60
Angleterre	1 25	1 26	1 25	1 26
Argentine	1 85	2 10	2 00	2 25
Autriche	1 036	1 05	1 036	1 05
Brésil, 2 milreis	1 85	2 10	1 85	2 10
Canada, 100 cents	4 00	4 80	4 25	4 80
Chili	1 85	2 10	2 00	2 25
Espagne, 5 pesetas après 1868	4 10	4 45	4 10	4 45
— divisionnaires après 1868	85 °/₀	90 °/₀	85 °/₀	90 °/₀
Etats-Unis	5 07	5 125	5 08	5 14
Indes Anglaises, roupie	1 52	1 60	1 52	1 60
Italie après 1862	97 50	99 50	97 50	99 50
Japon	2 00	2 25	2 10	2 30
Mexique	2 00	2 25	2 10	2 30
Naples	1 95	2 40	2 10	2 40
Pays-Bas	2 062	2 081	2 062	2 081
Pérou	1 85	2 20	2 00	2 25
Portugal, milreis	3 80	4 00	3 80	4 00
Roumanie, 5 lei	4 71	4 85	4 73	4 87
Russie, 1, 1/2, 1/4	2 51	2 65	2 51	2 65
— fractions	2 20	2 65	2 20	2 65
Scandinavie	1 345	1 37	1 345	1 37
Turquie, medjidié	3 60	4 75	3 60	4 75

COLONIES FRANÇAISES ET PROTECTORATS

ILE DE LA RÉUNION — MARTINIQUE

Timbrage des effets de commerce = 1 franc par 1.000 francs, ou fraction de 1.000 francs.

INDO-CHINE FRANÇAISE

ANNAM — CAMBODGE — COCHINCHINE — TONKIN

Timbrage des effets de commerce = 0,02 de piastre par 50 piastres.

Monnaies.
- Unité monétaire = la piastre = 100 centièmes = $2^f 50$ à $2^f 70$.
- Monnaies d'argent = la piastre; 1/2, 2/10, 1/10 de piastre.
- Monnaies de bronze = 1/100, 1/500 de piastre.
- Monnaie fiduciaire = billets de la Banque d'Indo-Chine.

Monnaies du Tonkin. Monnaie d'argent = la piastre du commerce, qui vaut de $2^f 30$ à $2^f 80$; 1/2, 2/10, 1/100 de piastre.

Monnaies du Cambodge. Monnaie d'argent = le nen, ou barre d'argent pesant $385^{gr} 86$, dont $377^{gr} 90$ d'argent = 100 ligatures = $39^f 50$.

TUNISIE

Les monnaies tunisiennes portent d'un côté des indications françaises et un millésime, depuis 1891 et années suivantes. L'autre côté porte des indications en arabe et la date de l'année arabe correspondante : 1308 et suivantes.

EUROPE

ALLEMAGNE [1]

Timbrage des effets de commerce

MARKS		FRANCS	
Jusqu'à 200	0^m 10	Jusqu'à 246	0^f 125
— 400	0 20	— 492	0 245
— 600	0 30	— 738	0 37
— 800	0 40	— 984	0 49
— 1.000	0 50	— 1.230	0 615
— 2.000	1 »	— 2.460	1 23
— 3.000	1 50	— 3.690	1 845
— 4.000	2 »	— 4.920	2 46
— 5.000	2 50	— 6.150	3 075
— 6.000	3 »	— 7.380	3 69

et ainsi de suite en ajoutant 50 pfen. par 1.000 marks ou fraction de cette somme.

et ainsi de suite en ajoutant 0^f 615 par 1.230 francs ou fraction de cette somme.

Chèques

Les chèques sont exempts du droit de timbre lorsqu'ils sont tirés sur un banquier et qu'ils portent la mention :

« Auf unserem Guthaben » (Sur notre avoir).

Les chèques ne peuvent être tirés que si la provision existe au moment de la présentation. Si ces deux conditions ne sont pas remplies, les chèques supportent le droit de timbre de 0,10 par 200 marks.

---

[1] Ainsi que nous l'avons expliqué dans la Préface, nous n'avons pas cru devoir modifier le plan primitif de la première édition. Voir également la *Note* de la page 148.

Monnaies

L'Allemagne est à l'étalon d'or, et l'argent n'a force libératoire que jusqu'à 20 marks.
L'unité monétaire est le *mark* qui vaut 100 pfennigs.

Valeur au pair = 1f.234.567

Monnaies d'or :

Titre = 0,9
20 marks = 24f.69 environ
10 marks = 12.35

Monnaies d'argent :

5, 3, 2, 1, 1/2 mark.

Monnaie fiduciaire :

Billets de banque de 5, 10, 20, 50, 100 et 1.000 marks.

Cote des changes à Berlin (1er septembre 1909) :

Belgique	8 jours	M. 80,92 1/2	Pour 100 francs belges.
»	2 mois	M. 80 »	»
Amsterdam	8 jours	M. 168,80	Pour 100 florins P. B.
Londres	Vue	M. 20,41	Pour 1 livre sterling.
Paris	Vue	M. 81,15	Pour 100 francs.
Vienne	8 jours	M. 85,15	Pour 100 couronnes.
Roubles	Comptant	M. 216,95	Pour 100 roubles.
Italie	Vue	M. 81 »	Pour 100 lires.

Cote des monnaies à Berlin

Livre st. = 20,43 1/2
Pièce de 20f = 16,24 1/2

Escompte

Officiel = 3 1/2 %
Hors banque = 2 3/8 %

On compte tous les mois à trente jours, et l'année à trois cent soixante jours, sauf pour le papier court.

Pour être négociés au taux hors banque, les effets doivent être de M. 3.000 à trente jours.

La Reichsbank n'admet que les effets tirés en marks et portant deux signatures au moins.

Il n'y a pas de jours de grâce, et le protêt a lieu le surlendemain, au plus tard, de l'échéance.

La Reichsbank prélève un minimum de :

1° Quatre jours d'intérêts pour les effets sur place;

2° Cinq jours pour les effets déplacés, de M. 10.000 et plus, ou de M. 5.000 au moins sur bordereaux supérieurs à M. 20.000;

3° Dix jours pour les autres effets. Minimum perçu :

30 pf. par effet de M. 100 et au-dessous;

50 pf. par effet, pour ceux supérieurs à M. 100.

La commission d'encaissement par la Reichsbank est de 1 °/₀₀ (avec un minimum de 50 pf.), sur la même circonscription commerciale. En dehors, la commission est de 2 °/₀₀.

L'administration des postes se charge aussi de l'encaissement des effets inférieurs à M. 600.

ANGLETERRE
(GRANDE-BRETAGNE ET IRLANDE)

Timbrage des effets de commerce

LIV. STERL.	S.	P.	FRANCS		
Jusqu'à 5 £	»	1	Jusqu'à 125	0f 10	
10	»	2	— 250	0 20	
25	»	3	— 625	0 30	
50	»	6	— 1.250	0 60	
75	»	9	— 1.875	0 90	
100	1	»	— 2.500	1 25	
200	2	»	— 5.000	2 50	
300	3	»	— 7.500	3 75	
400	4	»	— 10.000	5 »	
500	5	»	— 12.500	6 25	

et ainsi de suite en ajoutant 1 sh. par 100 liv. sterl. ou fraction de cette somme.

et ainsi de suite en ajoutant 1f 25 par 2.500 francs ou fraction de cette somme.

Chèques et effets à vue

Timbre fixe de 1 penny.
Les chèques sont « libres » ou « croisés » (*crossed chèques*).
Ces derniers sont payables par l'intermédiaire d'un banquier *clearer* (membre du *Clearing House* ou chambre de compensation).

Monnaies anglaises

Pays à étalon d'or où la monnaie d'argent n'a pas force libératoire.
L'unité monétaire est la *livre sterling or*, ou *souverain* (£), qui vaut 20 shillings ou 240 pence.

Valeur au pair = 25f,2215.

Monnaies d'or :

Titre = 11/12
La livre st. = 25f 22 environ
1/2 souverain = 12 61

Monnaies d'argent :

La couronne = 5 sh. = 6f 25
1/2 — = 3 125
Le florin = 2 sh. = 2 52
Le shilling = 12 pence = 1 26
6 pence = 0 63
3 pence = 0 315

Monnaie fiduciaire :

Billets de banque de 5, 10, 20, 50, 100, 200 et 1,000 livres.

Cote des changes à Londres (31 août 1909)

Il n'y a pas de cote officielle, les banquiers établissent leurs cours pour leurs clients.

Amsterdam	Courts jours	1 liv. sterl. = 12,2 1/8	florins P. B.
Belgique	3 mois	1 liv. sterl. = 25,38 3/4	francs belges.
Allemagne	»	1 liv. sterl. = 20,58	marks.
Paris	Courts jours	1 liv. sterl. = 25,17 1/2	francs.
Autriche	3 mois	1 liv. sterl. = 24,25	couronnes.
Pétersbourg	»	1 rouble = 25 » 1/16	pence.
Italie	»	1 liv. sterl. = 25,48 3/4	lires.
New-York	Vue	1 dollar = 48 » 7/8	pence.
Espagne	3 mois	1 piastre = 42 » 15/16	pence.
Portugal	»	1 milreis = 47 » 7/16	pence.

Escompte

Officiel = 2 1/2 %
Hors banque = 1 3/8 %

L'année est comptée pour trois cent soixante-cinq jours et chaque mois pour son nombre exact de jours.

On appelle prêts « on call » les dépôts qui peuvent être réclamés ou rendus à vue, sans avis.

Les lettres de change bénéficient de trois jours de grâce lorsqu'elles sont à échéances fixes.

La Banque d'Angleterre n'a pas de tarif fixe pour l'encaissement.

Pour les effets payables à ses caisses, elle en pratique l'escompte sans commission, en comptant uniquement l'intérêt exact.

Pour les effets payables dans les villes où elle a des établissements, elle en pratique l'escompte, avec déduction d'une perte qui est variable.

C'est à Londres que sont cotés les changes pour les pays d'Orient : Indes, Chine, Japon.

Dans les Indes anglaises, l'unité de monnaie est la *roupie* en argent qui vaut :

$$1\ roupie = 16\ annas\ \text{à}\ 12\ pies,$$
$$= 16\ annas\ \text{à}\ 4\ quarters\ \text{à}\ 100\ réas.$$

On compte aussi en *lacs* et *croré* :

$$1\ lac = 100.000\ roupies$$
$$1\ croré = 100\ lacs$$

En change fixe, la roupie vaut :

$$1\ \pounds = 15\ roupies,$$

d'où :

$$1\ roupie = 1\ sh.\ 4\ p.$$

1 roupie vaut donc environ 1f 50.

AUTRICHE-HONGRIE

Timbrage des effets de commerce

1° Sur les effets à moins de six mois d'échéance :

$\begin{cases} \text{Kr. 0,10 de 0 à 150 kr.} \\ \text{— 0,20 de 150 à 300 —} \end{cases}$
$\begin{cases} \text{De 300 à 3.000} = 0,20 \text{ par 300 kr. ou fraction;} \\ \text{Au-dessus} = 2 \text{ kr. par 3.000 kr.} \end{cases}$

2° Sur les effets autrichiens à plus de six mois et les effets étrangers jusqu'à douze mois :

$\begin{cases} \text{Kr. 0,14 de 0 à 40 kr.} \\ \text{— 0,26 de 40 à 80 —} \\ \text{— 0,38 de 80 à 120 —} \\ \text{— 0,64 de 120 à 200 —} \end{cases}$
$\begin{cases} \text{De 200 à 800 kr.} = 0,62 \text{ par 200 kr.} \\ \text{Au-dessus} = 2,50 \text{ par 800 —} \end{cases}$

3° Les effets étrangers en transit paient un droit de 0f04 par 200 kr.

4° Les chèques et les mandats à huit jours d'échéance paient un droit fixe de 0f10.

Monnaies

Pays soumis à l'étalon d'or.
L'unité monétaire est la *couronne* qui vaut *400 hellers*.

Valeur au pair = 1f05.

Monnaies d'or anciennes :

8 florins = 20 francs
4 — = 10 —

MONNAIES ÉTRANGÈRES

Monnaies d'or nouvelles :

Titre = 0,9
20 couronnes = 21^f »
10 — = 10 50
5 — = 5 25

Monnaies d'argent anciennes :

2 florins = 2 gulden = 4^f 93
2 couronnes = 100 kreutzers = 1 — = 1 — = 2 465

Monnaies d'argent nouvelles :

5 couronnes ;
1 couronne.

Monnaie commerciale :

Le quadruple ducat d'or = 47^f 52
Le ducat d'or = 11 85
Le thaler levantin argent = 5 20

Monnaie fiduciaire :

Billets de la Banque austro-hongroise et de l'État de 10, 20, 50, 100 et 1.000 couronnes.

Escompte

Les transactions ont lieu en florins et les cours des changes se font aussi en florins.

Il n'y a pas de jours de grâce.

Pour être acceptés par la Banque austro-hongroise, les effets doivent être munis de deux signatures, être présentés par le titulaire d'un « Giro-Conto », et n'avoir pas plus de quatre-vingt-douze jours à courir.

BELGIQUE

Timbrage des effets de commerce

Jusqu'à 200 francs	0f 10
De 200 à 500 francs	0 25
De 500 à 1.000 francs	0 50
De 1.000 à 2.000 francs	1 00

et ainsi de suite en augmentant de 0f 50 par 1.000 ou fraction.

Chèques. — Les chèques présentés dans les six jours de leur date sont exempts du droit de timbre.

Passé ce délai, le timbre applicable est celui des effets de commerce.

Monnaies

L'unité monétaire est le *franc* qui vaut 100 centimes.

Valeur au pair = 1 fr. (Union latine).

Escompte

A Bruxelles et à Anvers, les changes se cotent « à vue ». On trouve les cours à trois mois dans les cotes des banquiers.

L'année est comptée pour trois cent soixante jours et les mois pour leur nombre exact de jours.

Il n'y a pas de jours de grâce.

La Banque nationale belge ne fait pas protester les chèques impayés. Elle ne rend les effets négociés et réclamés qu'en cas de décès ou de faillite du tiré.

BULGARIE

Timbrage des effets de commerce

	FRANCS			FRANCS
Jusqu'à 200	0f 20	Jusqu'à	3.000	1f 50
— 400	0 30	—	4.000	2 00
— 800	0 40	—	6.000	3 00
— 1.200	0 60	—	8.000	4 00
— 1.600	0 80	—	10.000	5 00
— 2.000	1 00			

Monnaies

L'unité monétaire est le *lew* qui vaut 100 *stotinki*.
Valeur au pair = 1 franc.

Monnaies d'or :

20 levva = 20 francs } titre : 9/10, identiques aux monnaies
10 — = 10 —   } françaises.

Monnaies d'argent :

5, 2 levva;
1, 1/2 lew.

DANEMARK

Timbrage des effets de commerce

KRONORS

Jusqu'à	500	0k25
De	500 à 1.000	0 50
De	1.000 à 1.500	0 75
De	1.500 à 2.000	1 »
De	2.000 à 3.000	1 50
De	3.000 à 4.000	2 »
De	4.000 à 5.000	2 50

et ainsi de suite en ajoutant 0k50 par 1.000 k. ou fraction de cette somme.

Les *traites à vue*, à *huit jours de vue*, à *quatorze jours de date*, paient un droit de timbre fixe de 0f20.

Les *chèques* sont exempts de timbre lorsqu'ils sont tirés sur un banquier, ou qu'ils sont endossés « pour encaissement ».

Monnaies

Pays à l'étalon d'or.
L'unité monétaire est la *couronne* qui vaut 100 öre.
Valeur au pair = 1f39.

Monnaies d'or :

20, 10 couronnes.

Monnaies d'argent :

2, 1 couronne ;
50, 25, 10 öre.

Monnaie fiduciaire :

Billets de banque de 5, 10, 50, 100, 500 couronnes.

Escompte

On calcule les intérêts en comptant l'année de trois cent soixante jours et tous les mois de trente jours.

La Banque nationale de Danemark escompte tous effets sur les places bancables et sur d'autres villes ayant des banques importantes.

Le siège social de Copenhague émet des *Banksolaveksler* (seule de banque), ou traites à huit jours de date sur les succursales. Ces valeurs sont également payées par les receveurs des finances d'État.

Les succursales émettent de pareilles traites, mais sur le siège social seulement.

ESPAGNE

Timbrage des effets de commerce

Applicable aux mandats, lettres de change

PESETAS			TIMBRE ordinaire	TIMBRE D'ACQUIT en sus
Jusqu'à		100	0p 10	1p 10
De	100 à	250	0 25	0 10
De	250 à	500	0 50	0 10
De	500 à	1.000	1 »	0 25
De	1.000 à	2.000	2 »	0 50
De	2.000 à	3.000	3 »	0 50
De	3.000 à	4.000	4 »	0 50
De	4.000 à	5.000	5 »	0 50
De	5.000 à	7.000	7 »	1 »
De	7.000 à	10.000	10 »	1 »
De	10.000 à	20.000	20 »	1 »
De	20.000 à	30.000	30 »	1 »
De	30.000 à	40.000	40 »	1 »
De	40.000 à	50.000	50 »	1 »
De	50.000 à	75.000	75 »	1 »
De	75.000 à	100.000	100 »	1 »

Au-dessus de 100.000 pesetas le timbre est de 100 pesetas, plus 1 °/₀₀ par fraction de 1.000 pesetas et timbre d'acquit. Il est perçu le double pour les documents qui sont créés à plus de six mois de date, le timbre de quittance demeurant inchangé.

EFFETS EN FRANCS

Le timbre est perçu sur le montant réduit en pesetas au cours du jour.

Chèques. — Les chèques supportent un droit de timbre spécial :

    0,10 de   0 à 25.000 pesetas.
    0,25 de 25.000 à 50.000 —
    0,50 au-dessus de 50.000 —

Monnaies

L'unité monétaire est la *peseta* qui vaut 100 *centimos*.

Valeur au pair = 1 franc.

Monnaies d'or :

Titre 0,9;
100, 25, 20, 10, 5 pesetas.

Monnaies d'argent :

5, 2, 1, 1/2 peseta ou 2 réales ou 50 centimos.

Banque d'Espagne

Elle escompte les lettres de change et tous effets sur les places bancables, après entente et fixation du crédit, aux conditions suivantes :
1° Taux officiel d'escompte de la banque;
2° 90 jours au maximum;
3° Valeurs revêtues de deux signatures et présentées par un banquier (agent de change ou courtier; courtage de 1°/₀₀). Ces valeurs sont examinées et endossées seulement après avis favorable de la banque;
4° Valeurs de 250 pesetas au moins;
5° Comptes courants intérieurs sans intérêts donnant droit à l'encaissement gratuit des effets sur la même place et ayant un maximum de dix jours à courir;
6° Comptes courants extérieurs permettant l'encaissement des effets sur d'autres places, dont le montant n'est disponible que huit jours après l'échéance;
7° Enfin la banque encaisse, au mieux et suivant conditions à fixer, les valeurs sur les places où elle n'a pas de succursales.

Effets français. — Il est bon d'y apposer la mention : *Payables au cours du change à vue*.

GRÈCE

Timbrage des effets de commerce

	FRANCS			FRANCS
Jusqu'à 500.	0f 50	Jusqu'à	10.000.	10f »
— 1.000.	1 »	—	15.000.	15 »
— 2.000.	2 »	—	20.000.	20 »
— 3.000.	3 »	—	30.000.	30 »
— 4.000.	4 »	—	50.000.	50 »
— 5.000.	5 »	—	100.000.	100 »
— 6.000.	6 »	—	200.000.	200 »
— 7.000.	7 »	—	300.000.	300 »
— 8.000.	8 »	—	400.000.	400 »
— 9.000.	9 »	Au-dessus de	400.000.	500 »

Tous les effets supportent un timbre d'acquit de 10 centimes par effet.

Chèques. — Les chèques doivent être timbrés comme les effets.

Monnaies

L'unité monétaire est le *drachme* qui vaut 100 *lepta*.
Valeur au pair = 1 franc (*Union latine*).

Monnaies d'or :

100, 50, 20, 10, 5 drachmes

Monnaies d'argent :

5, 2, 1 drachme ;
50, 20 lepta.

Escompte

Année de 360 jours et mois comptés exactement.
Effets français. — Il est utile de les mentionner : *Payables au cours du change à vue.*

HOLLANDE
(PAYS-BAS)

Timbrage des effets de commerce

FLORINS			FRANCS		
Jusqu'à	100	0f 05	Jusqu'à	208	0f 105
—	200	0.10	—	416	0.21
—	300	0.15	—	624	0.315
—	400	0.20	—	832	0.415
—	500	0.25	—	1.040	0.52
—	1.000	0.50			

et ainsi de suite, soit 0,25 flor. holl. de plus par 500 flor. ou fraction de 500 jusqu'à 10.000. Au-dessus de 10.000 flor., la progression est de 0,50 flor. par 1.000 ou fraction de 1.000.

et ainsi de suite soit 0f 52 par chaque 1.040 fr. ou fraction de cette somme. Au-dessus de 20.800 fr., la progression est de 1f 04 par chaque 2.080 fr. ou fraction de cette somme.

Chèques. — Timbre fixe de 0,05. Les traites à moins de huit jours d'échéance sont timbrées comme les chèques.

Monnaies

L'unité monétaire est le *florin* qui vaut 100 *cents*.

Valeur au pair = 2f 09.

Monnaies d'or

le double guillaume = 41f 67 environ.
le guillaume = 10 florins = 20f 83
double ducat = 23.54
ducat = 11.77

Monnaies d'argent

le rixdaler = 2 florins 1/2 = 5f 25
le florin = 2f 09
25, 10, 5 cents.

Monnaie fiduciaire :

Billets de la Banque privilégiée néerlandaise de 1.000, 300, 200, 100, 60, 40 et 25 florins.
Billets de 50 et 10 florins émis par l'État.

Cote des changes

AMSTERDAM

Cote du 1ᵉʳ septembre 1909

		FLORINS hollandais	POUR
Paris	Courts jours	48,05	100 francs français.
—	2 mois	47,75	100 francs français.
Belgique	Courts jours	47,92 1/2	100 francs belges.
Madrid	3 mois	215 »	500 pesetas.
Italie	3 mois	47,27 1/2	100 lire.
Vienne	3 mois	49 » 7/8	100 florins autrichiens.
Allemagne	Courts jours	59,16 1/4	100 marks.
—	3 mois	58,57 1/2	100 marks.
Londres	Courts jours	12,09 1/2	1 livre sterling.
—	2 mois	12,03	1 livre sterling.
Pétersbourg	3 mois	126 » 3/8	100 roubles.
Suisse	Courts jours	48,67 1/2	100 francs suisses.
—	3 mois	47,66	100 francs suisses.

Escompte

L'année se compte pour 360 jours et les mois exactement.
La Banque néerlandaise escompte les effets de commerce avec un minimum de 10 à 15 jours et une perte de 1/8 % sur ceux payables dans les places où elle ne possède que des correspondants. Les valeurs doivent :

1° Avoir deux signatures ;
2° Moins de 3 mois 1/2 (intérieur) ;
3° Moins de 3 mois (d'Europe ou d'Amérique) ;
4° Les valeurs étrangères doivent être cotées en monnaies hollandaises.

ITALIE

Timbrage des effets de commerce

0,05 de 0 à 100 lires.
0,10 de 100 à 200 —
Au-dessus : 0,06 par 100 lires ou fraction.

Les effets ayant plus de six mois à courir, ou ceux n'ayant pas d'indication d'échéance, supportent un droit de timbre *double* de celui ci-dessus.

Le timbre est réduit de *moitié* pour les effets *sur* ou *de* l'étranger.

Les *chèques* paient un droit fixe de 0,10. Ils peuvent être payés dans un délai de 10 jours de vue.

Monnaies

L'unité monétaire est la *lire* qui vaut 100 *centesimi*.

Valeur au pair = 1 franc (Union latine).

Monnaies d'or :

100, 50, 20, 10, 5 lires.

Monnaies d'argent :

5, 2, 1 lire.
50 centesimi.

Monnaie fiduciaire :

Billets des Banques d'Italie, de Naples et de Sicile, émis sous le contrôle de l'État (coupures de 1.000, 500, 100 et 50 lires.)

Escompte

Les cours étrangers sont cotés en *incertain*.
Année de 360 jours et mois comptés exactement.
La Banque d'Italie n'escompte que des effets de 100 lires au moins ayant de 5 à 120 jours à courir et portant deux signatures.
La Banque d'Italie émet des *Vaglia* de change, ou transferts gratuits à vue, sur ses succursales ou ses correspondants. Ces transferts se font avec courtage de 1/4 à 1/2 °/₀₀.

LUXEMBOURG
(GRAND-DUCHÉ DE)

Timbrage des effets de commerce

0,05 par 100 francs.

Chèques. — Les chèques à ordre supportent le timbre proportionnel. Ceux au porteur sont exempts de timbre.

Monnaies

Monnaie légale :

le franc = 80 pfennigs allemands.

Les monnaies françaises, belges et allemandes servent de monnaie courante.

NORVÈGE

Timbrage des effets de commerce

0,10 de 0 à 200 kr.
0,20 de 200 à 400 kr.
De 400 à 1.000 = 0,10 par 200 kr.
Au-dessus de 1.000 = 0,50 par 1.000 kr.

Les effets en transit sont exempts du droit de timbre.
Chèques. — Les chèques sont exempts du droit de timbre.

Monnaies

L'unité monétaire est la *couronne* ou *krone* qui vaut 100 öre.

Valeur au pair = 1f39.

Monnaies d'or :

20, 10 couronnes.

Monnaies d'argent :

2, 1 couronne.

Monnaie fiduciaire :

Billets de la Norges Bank de 1.000, 500, 100, 50, 10 et 5 couronnes.

Banque de Norvège (Norges-Bank)

Banque d'émission et d'escompte. Escompte au taux officiel, plus une commission de 1/8 % au minimum sur les grandes villes. Pour les autres villes, la commission est de 1/4 % à 3/8 %.

PORTUGAL

Timbrage des effets de commerce

REIS		FRANCS	
Jusqu'à 20 milreis	0'20	Jusqu'à 85	0'08
— 100	1 »	— 425	0 42⁵
— 200	2 »	— 850	0 85
— 300	3 »	— 1.275	1 27⁵
— 400	4 »	— 1.700	1 70
— 500	5 »	— 2.125	2 12⁵
— 600	6 »	— 2.550	2 55
— 700	7 »		

et ainsi de suite en augmentant de 100 reis par 100.000 reis ou fraction de cette somme.

et ainsi de suite en augmentant de 0^{f}42⁵ par 425 fr. ou fraction de cette somme.

Monnaies

L'unité monétaire est l'*escudo* qui vaut 5^{f}60 au pair.
3 francs valent (taux légal) 54 *centavos*.
L'*escudo* se divise en 100 *centavos*.

Monnaies d'or :

10 escudos = 56^f » (taux légal)
5 — = 28 » —
2 — = 11 20 —
1 — = 5 60 —

Monnaies d'argent :

1 escudo = 5^{f}10
50 centavos = 2 55
20 — = 1 02
10 — = 0 51

(L'*escudo* remplace l'ancien *milreis*).

Monnaie fiduciaire :

Billlets de banque de 100 escudos.
— 50 —
— 20 —
— 10 —
— 5 —

Banque de Portugal

Escompte du papier de commerce ayant au plus 90 jours à courir.
Sauf sur Lisbonne, les effets supportent une commission variable.

ROUMANIE

Timbrage des effets de commerce

LEI OU FRANCS

Jusqu'à 100	0,10
De 100 à 200	0,20
200 à 300	0,30
300 à 400	0,40
400 à 500	0,50
500 à 600	0,60
600 à 700	0,70
700 à 800	0,80
800 à 900	0,90
900 à 1.000	1, »
1.000 à 2.000	2, »

et ainsi de suite à raison de 1 leu par chaque 1.000 lei ou fraction.

Les effets à plus de six mois de date supportent un droit de timbre *double*.

Les *chèques* et les quittances sont timbrés à 0,10.

Monnaies

L'unité monétaire est le *leu* qui vaut 100 *bani*.

Valeur au pair = 1 franc.

Monnaies d'or :

20, 10, 5 lei.

Monnaies d'argent :

5, 2 lei ;
1 leu ;
50 bani.

Monnaie fiduciaire :

Billets de la Banque de Roumanie.

RUSSIE

Timbrage des effets de commerce

10 kopecks	de 0 à 50 roubles.
15 —	de 50 à 100 —
30 —	de 100 à 200 —
45 —	de 200 à 300 —
60 —	de 300 à 400 —
75 —	de 400 à 500 —
90 —	de 500 à 600 —

Monnaies

L'unité monétaire est le *rouble* qui vaut 100 *kopecks*.

Valeur au pair = 2f666.

Monnaies d'or :

15 roubles	= 40 francs
10 —	= 26f666
5 —	= 13 333
7 roubles 50 kopecks	= 20 francs

Monnaies d'argent :

1 rouble	= 2f66
50 kopecks	= 1 33
25 —	= 0 666
20 —	= 0 5333
15 —	= 0 40
10 —	= 0 266

Monnaie fiduciaire :

Billets garantis par l'Etat, en coupures de 1 à 500 roubles.

Escompte

Pour les effets sur la Russie, la mention « Payable au cours du change à vue » n'a de valeur qu'autant qu'elle est inscrite par le tiré lui-même, dans son acceptation.

La Banque de l'État escompte au taux officiel les traites ayant moins de 90 jours à courir. Elle escompte aussi, mais avec une commission variant de 1/2 à 1 °/₀ des effets bancables ayant jusqu'à 6 mois à courir.

Il n'existe plus de jours de grâce en Russie, mais la loi accorde un délai de deux jours pendant lesquels on peut payer les effets sans frais chez le notaire.

SERBIE

Timbrage des effets de commerce

DINARS OU FRANCS

Jusqu'à	100	0f40
—	250	0 60
—	500	1 »
—	800	2 »
—	1.200	2 50
—	2.000	3 60
—	3.500	6 »
—	5.000	8 »
—	7.500	12 »
—	10.000	16 »

et au-dessus 2 fr. par chaque 1.000 fr. ou fraction.

Monnaies

L'unité monétaire est le *dinar* qui vaut 100 *paras*.

Valeur au pair = 1 franc.

Monnaies d'or :

20, 10 dinars.

Monnaies d'argent :

5, 2, 1 dinar ;
50 paras.

Monnaie fiduciaire :

Billets de la Banque nationale de Serbie, en coupures de 10 à 100 dinars.

SUÈDE

Timbrage des effets de commerce

(Pour les effets créés en Suède et payables à l'étranger, et réciproquement).

Jusqu'à 1.000 kr. = 0,50 öre
De 1.000 à 2.000 kr. = 1 »
De 2.000 à 3.000 kr. = 1,20
Au-dessus : 0,50 par 1.000 kr. ou fraction.

(Pour les effets de l'intérieur, les droits ci-dessus sont inférieurs de la moitié environ).

Les *secondes* de change sont exemptes de timbre.
Les *chèques* tirés sur des banquiers sont exempts de timbre.

Monnaies

L'unité monétaire est la *couronne* (ou kroner), qui vaut 100 *öre*.

Valeur au pair = 1f3888.

Monnaies d'or :

20, 10 couronnes ;
1 carolin = 10 francs.

Monnaies d'argent :

Spécies riksdaler = 5f62 ;
2, 1 couronne ;
25, 10 öre.

Monnaie fiduciaire :

Billets de la « Sveriges Riksbank » et des banques privées.

SUISSE

Timbrage des effets de commerce

ARGOVIE

De 1 à 500 francs	0f 10
De 500 à 1.000 —	0 20
De 1.000 à 1.500 —	0 30
De 1.500 à 2.000 —	0 40

et ainsi de suite : 10 centimes par fraction de 500 francs.

Les chèques sont soumis au même timbre.
Le montant de l'amende est, au minimum, 30 fois supérieur à celui du timbre, il peut même être élevé à 50 fois cette valeur.

BERNE

De 50 à 200 francs	0f 10
De 200 à 400 —	0 20

et ainsi de suite : 5 centimes par fraction de 200 francs.

Les chèques ou délégations, présentés au paiement dans les sept premiers jours qui suivent la date d'émission, sont passibles d'un timbre de 10 centimes.

L'amende s'élève à 20 fois le montant du timbre, plus 10 francs.

FRIBOURG

De 1 à 100 francs	0f 10
De 100 à 200 —	0 20
De 200 à 500 —	0 30
De 500 à 1.000 —	0 50

et ainsi de suite : 50 centimes par chaque fraction de 1.000 francs.

Chèques timbrés à 20 centimes.
L'amende est 10 fois le montant du timbre, ou 3 % du montant de l'effet.

GENÈVE

De 1 à 100 francs	0f 05
De 100 à 200 —	0 10
De 200 à 300 —	0 15
De 300 à 400 —	0 20
De 400 à 500 —	0 25
De 500 à 1.000 —	0 50
De 1.000 à 1.500 —	0 75
De 1.500 à 2.000 —	1 00

et ainsi de suite : 50 centimes par fraction de 1.000 francs.

L'amende est de 20 francs par traite, plus 5 %.

LUCERNE

Jusqu'à 400 francs	0f 10
De 400 à 600 —	0 20
De 600 à 1.000 —	0 30
De 1.000 à 2.000 —	0 50

et ainsi de suite : 20 centimes par fraction de 1.000 francs.

Le timbre des chèques et des mandats à vue est de 10 centimes.
L'amende est de 20 fois le montant du timbre.

SCHWYTZ

Timbre de 10 centimes par effet.

SAINT-GALL

De 50 à 1.000 francs	0f 20

et ainsi de suite : 20 centimes par fraction de 1.000 francs.

Le timbre des chèques de plus de 50 francs est de 10 centimes.

L'amende est 10 fois le montant du timbre, avec minimum de 2 francs par traite.

TESSIN

De 1 à 250 francs	0f 10
De 250 à 500 —	0 15
De 500 à 1.000 —	0 25
De 1.000 à 2.000 —	0 50

et ainsi de suite : 50 centimes par fraction de 1.000.

Le timbre des chèques est de 10 centimes.
L'amende est de 40 fois le timbre.

VALAIS

De 1 à 200 francs	0f 25
De 200 à 500 —	0 50
De 500 à 1.000 —	1 00
De 1.000 à 1.500 —	1 50
De 1.500 à 2.500 —	2 00
De 2.500 à 3.500 —	3 00

et ainsi de suite : 1 franc par chaque fraction de 1.000 francs.

Les chèques sont timbrés suivant le même tarif.
L'amende est de 10 fois le timbre dû.

VAUD

De 100 à 500 francs	0 10
De 500 à 1.000 —	0 25
De 1.000 à 2.000 —	0 50

et ainsi de suite : 25 centimes par chaque fraction de 1.000 francs.

Les chèques sont timbrés à 10 centimes.
L'amende est de 2 % du montant de l'effet, avec minimum de 5 francs.

Monnaies

L'unité monétaire est le *franc*, qui vaut 100 centimes.

Valeur au pair = 1 franc (Union latine).

Monnaies d'or :

>20 francs.

Monnaies d'argent :

>5, 2, 1, 1/2 franc.

Monnaies étrangères circulant légalement :

>la livre sterling et la 1/2 livre sterling ;
>20 et 10 marks ;
>5 dollars ;
>toutes les pièces de l'Union latine.

Circulation fiduciaire. — Billets des banques autorisées. L'émission ne peut dépasser le double du capital de chaque banque, avec représentation de 60 % en papier et 40 % en numéraire.

Chaque banque accepte les billets des autres banques.

TURQUIE D'EUROPE

Timbrage des effets de commerce

PIASTRES			FRANCS
Jusqu'à 100	0,10	Jusqu'à 23	0f05
— 1.000	0,20	— 230	0 10
— 2.000	1 »	— 460	0 23
— 4.000	2 »	— 920	0 46
— 6.000	3 »	— 1.380	0 69
— 8.000	4 »	— 1.840	0 92
— 10.000	5 »	— 2.300	1 15

Les seconde et troisième de change sont timbrées au moment de l'usage seulement.

Les *chèques* supportent un droit de timbre fixe de 10 paras.

Monnaies

L'unité monétaire est la *livre turque* qui vaut 100 piastres ou 4.000 *paras*.

Valeur au pair = 22f78.

Monnaies d'or :

500, 250, 100 (juslik) piastres ;
50 (ellébik), 25 piastres.

Monnaies d'argent :

20 (medjidié), 10,5 (beschlik), 2,1 piastre ;
1/2 piastre = 20 paras.

ASIE

CHINE

Timbrage des effets de commerce

Le droit de timbre n'existe pas en Chine.

Monnaies

L'une des unités monétaires est le *taël* ou *liang*, qui vaut 10 *maces* ou *tsien*, ou 100 *condorins* ou *fen*, ou 1.000 *li*.

Valeur : environ 3f50.

Monnaie courante :

la piastre mexicaine, qui vaut 73 taëls.

Les autres monnaies employées sont : le trade dollar américain ; le rouble russe ; le yen du Japon ; le carolus dollar espagnol.

A Canton, on frappe le dollar argent qui vaut 5f38, le demi-dollar, et des pièces de 20, 10 et 5 cents.

Monnaie fiduciaire :

La monnaie fiduciaire, dont le premier emploi paraît venir de la Chine, se compose actuellement de billets de banque s'évaluant en *cashs*.

Les changes se cotent à Shanghaï et à Hong-kong sur Londres, Paris, New-York et San-Francisco, l'Inde et le Japon.

JAPON

Timbrage des effets de commerce

Jusqu'à	50 yen	1 sen
	100	2
	200	4
	500	8
	1.000	15
	2.000	25
Au-dessus		50

Les *chèques* supportent un timbre fixe de 5 *rin* ou 1/2 *sen*.

Monnaies (Réforme monétaire de 1897)

L'unité monétaire est le *yen* d'or, qui vaut 100 *sen*.

Valeur { au pair = 2^{f}75
à vue = 2.25 à 2^{f}58
à 4 mois = 2.60

Monnaies d'or :

5, 10, 20 yen.

Monnaies d'argent :

10, 20, 50 sen.

Monnaie fiduciaire :

Billets de banque de 1 à 100 yen. On cote, au Japon, les changes sur Paris, Londres, Hambourg, Shanghaï et Hong-kong.

PERSE

Monnaies

L'unité monétaire est le *kran*, qui vaut 20 *chahis*, ou 1.000 *dinars*.

Valeur au pair = 0^{f}50.

Monnaies d'or (titre 0,9) :

2 tomans = 38 à 39 krans = 19 francs ;
1 toman ;
1/2, 1/4 de toman.

Monnaies d'argent :

1 banabat = 10 chahis = 0^{f}25 ;
5 chahis ;
5 krans = 2^{f}175 ;
2, 1 krans.

AMÉRIQUE

ÉTATS-UNIS D'AMÉRIQUE

Timbrage des effets de commerce

0,02 dollar par 100 dollars ou fraction.
Les *chèques* et les effets *à vue* supportent un droit de timbre fixe de 0,02.

Monnaies

L'unité monétaire est le *dollar* $, qui vaut 100 *cents*.

Valeur au pair = 5f,1825.

Monnaies d'or :

le double aigle = 20 dollars.
l'aigle = 10 —
1/2 aigle = 5 —
1/4 — = 2 1/2 —

Monnaies d'argent :

le dollar = 100 cents ;
1/2, 1/4 de dollar ;
1 dine = 10 cents ;
3 cents.

Valeur officielle des monnaies étrangères

La loi du 1er janvier 1883 a fixé ainsi qu'il suit la valeur légale des monnaies :

1 franc	= 0,193 dollar.
1 florin autrichien argent	= 0,343 —
1 livre sterling	= 4,8665 —
1 mark allemand	= 0,238 —
1 rouble argent russe	= 0,558 —
1 taël de Chine	= 0,148 —

New-York cote l'*incertain* pour toutes les devises étrangères, sauf le *Paris* qui est coté en *certain*.

Les mois sont comptés pour leur nombre de jours exact, et l'année pour 365 jours.

Autres monnaies étrangères

PAYS	UNITÉ DE COMPTE ET VALEUR NOMINALE	DÉSIGNATION DES MONNAIES	MÉTAL	VALEUR EN FRANCS d'après l'Annuaire du Bureau des Longitudes
				Fr. c.
République Argentine	Le peso ou piastre. = 100 centavos. = 5 francs.	1 argentino. 1/2 argentino. 1 piastre ou peso. 50 centavos. 20 centavos.	Or. Argent.	25 » 12 50 5 » 2 50 1 »
Bolivie	Le bolivien. = 100 centavos. = 5 francs.	1 bolivien.		2 10
Brésil	Le milreis.	20 milreis. 10 — 1 —	Or. Argent.	56 63 28 32 2 60
Colombie	Le peso d'or. = 1 piastre. = 100 centavos. = 5 francs.	Double condor. 1 condor. 1/5 double condor. 1/10 — 1 piastre. 1 décimo.	Or. Argent.	100 » 50 » 20 » 10 » 5 » 0 46
Costa-Rica	Le colon d'or. = 2f 465.			
Chili	1 peso. = 100 centavos. = 1f 891.	1 condor = 20 piastres. 1 doublon = 10 piastres. 1 escudo = 5 piastres. 1 peso = 18 peniques.	Or. Argent.	37 83 18 91 9 46 1 89
Égypte	la livre égyptienne. = 100 piastres. = 25f 0180.	1 livre égyptienne. 1/2 livre égyptienne. 20 piastres. 10 —	Or. Argent.	25 928 12 86 5 18 2 59
Éthiopie	Le talari. = 5 francs.	1 talari. 1/2 talari.		5 21 2 60
Honduras Nicaragua Salvador	Le peso. = 100 centavos. = 5 francs.	20 cents. 10 — 5 —		0 89 0 45 0 22
Haïti	La piastre. = 5 francs.	1 gourde. 50 centièmes. 10 —		5 » 2 32 0 46
Mexique	1 peso = 100 centavos. = 5f 4308.	20 pesos. 10 — 5 — 2 1/2 pesos. 1 peso. 1 piastre.	Or. Argent.	101 99 50 99 25 29 12 75 5 10 5 43
Siam	1 tical. = 4 salungs. = 1f 33.	1 tical.		1 33
Venezuela	Le bolivar. = 100 centavos. = 1 franc.	100 bolivar. 50 — 25 — 20 — 10 — 1 bolivar.	Or. Argent.	100 » 50 » 25 » 20 » 10 » 0 97

APPENDICE

CONCOURS ET EXAMENS FINANCIERS

QUELQUES QUESTIONS

données sur les effets de commerce,
l'escompte, les changes, etc. (1)

Avec les solutions ou l'indication des parties de ce volume
donnant les éléments nécessaires pour les solutions

---

(1) Le texte exact des questions est indiqué en *italique*.

BANQUE DE FRANCE

CONCOURS DE COMMIS TITULAIRE

COMPOSITION FRANÇAISE

I. — Concours de mai 1892

Du rôle de la Banque de France comme régulatrice du taux de l'intérêt. (Voir pages 95 et suivantes).

II. — Concours de mai 1901

Un agent de la Banque de France, envoyé en Angleterre, expose au Gouverneur les moyens usités dans ce pays pour suppléer à l'emploi de la monnaie métallique ou fiduciaire, dans le règlement des échanges. (Voir pages 70 et 155.)

III. — Concours de mai 1905

Exposer comment un banquier se tient au courant de la situation commerciale de ses clients d'escompte. Comment peuvent se compléter et se contrôler les renseignements extérieurs et ceux qui résultent des opérations faites avec chacun d'eux. (Voir pages 91 et suivantes.)

IV. — Concours de mars 1910

Quelles sont les circonstances qui procurent à un pays des capitaux abondants et quels sont les avantages qu'il en retire. (Voir pages 113 et suivantes.)

APPENDICE

BORDEREAU D'ESCOMPTE

I. — Concours de mars 1903

Remis par un commerçant à son banquier les effets suivants aux conditions ci-après :

Taux de l'escompte : 2 1/2 %.
Commission : 3/4 %₀.
Changes indiqués.

Décompter le bordereau, en déterminer le produit net et remplir les en-têtes des colonnes de l'imprimé ?

Le 7 mars 1903.

Net : 125.438ᶠ40   8 effets : francs 126.116 »

SOMMES	VILLES	ÉCHÉANCES	JOURS	NOMBRES	TAUX du change	PRODUIT
21.366ᶠ00	Marseille	15 Avril	39	8.330	P	»
41.000 00	Poitiers	25 —	49	20.090	»	»
1.790 00	Maubeuge	29 —	53	949	1/8	2ᶠ25
28.756 00	Rouen	15 Mai	69	19.842	P	»
12.000 00	Dunkerque	18 —	72	8.640	»	»
8.645 00	Issoudun	19 Juin	104	8.991	1/8	20 75
7.976 00	Joigny	23 —	108	8.614	»	
4.589 00	Aurillac	28 —	113	5.186	P	»
126.116ᶠ00				80.642		23ᶠ00
677ᶠ60	560ᶠ00 Escompte 2 1/2 %. 94 60 Commission 3/4 %₀. 23 00 Changes divers.					
125.438ᶠ40	Net, valeur 8 mars 1903.					

EFFETS DE COMMERCE

II. — Concours de mars 1910

Date de la présentation : 10 mars.
Taux d'escompte : 3 1/2 %.
Commission : 1/16 %.

CAPITAUX	ÉCHÉANCES	NOMBRE de JOURS	MONTANT de L'ESCOMPTE à 6 %	TAUX du change	PRODUIT DU CHANGE
7.734f 40	15 Mars	5	6f 44	1/4 °/oo	3f 66
6.924 50	18 —	8	9 23	Id.	
9.635 30	25 —	15	24 08	1/5 °/oo	1 92
3.942 20	25 Avril	46	30 22	Pair	»
4.325 60	27 —	48	34 60	Id.	»
2.349 60	29 —	50	19 58	1/5 °/oo	0 46
5.432 70	3 Mai	54	48 89	Pair	
1.742 30	15 —	66	19 16	1/4 °/oo	0 43
8.212 00	17 —	72	98 54	Pair	»
41.825 00	20 —	71	494 93	Id.	»
28.645 80	24 —	75	358 07	Id.	»
29.216 70	27 —	78	379 81	1/8 °/oo	9 56
47.314 80	2 Juin	84	662 40	Id.	
39.517 60	10 —	92	605 93	Pair	»
18.642 00	15 —	97	301 37	Id.	»
255.460f 50		à 6 % =	3.093f 25		16f 03
		à 3 1/2 % =	1.894 40		
1.980f 10 =	{ Commission : 159f 67 { Changes : 26 03 { Intérêts : 1.804 40				
253.480f 40	= Net.				

ARITHMÉTIQUE

En Angleterre, l'or se négocie à l'once standard, du poids de $31^{gr}103$ et au titre $11/12$.

Quel est le prix en francs de 1 kilogramme d'or fin, si le cours de l'once standard est de £ 3.17.9 1/2 et sachant que la livre sterling vaut 25^f20 et qu'elle se divise en 20 shillings et le shilling en 12 pence ?

Solution par une conjointe :

Réduction de £ 3.17.9 1/2 en pence :
$$\begin{aligned} 3 \text{ £.} &= 3 \times 240 = 720 \text{ pence} \\ 17 \text{ sh.} &= 17 \times 12 = 204 \\ &+\ 9,5 \\ \hline &933,5 \text{ pence} \end{aligned}$$

$\begin{cases} x \text{ francs} \\ 11 \text{ gr. or fin} \\ 31^{gr}103 \text{ aux } 11/12 \\ 240 \text{ pence (£ 1)} \end{cases}$ \hspace{2em} $\begin{array}{l} 1.000 \text{ gr. or fin} \\ 12 \text{ gr. au titre } 11/12 \\ 933,5 \text{ pence} \\ 25^f20 \end{array}$

La résolution de la conjointe ci-dessus donne :

$$x = \frac{1.000 \times 12 \times 933,5 \times 25,20}{11 \times 31,103 \times 240} = 3.437,873$$

Réponse : 3.437^f873.

BANQUE DE L'ALGÉRIE

CONCOURS DE COMMIS STAGIAIRE

COMPOSITION FRANÇAISE (2 h. 1/2)

Concours du 4 décembre 1908

Le Crédit. — La nature du crédit ; son influence ; les principaux modes de crédit ; les effets de commerce ; le rôle des banques ; le mécanisme des banques ; le billet de banque : les mouvements de l'encaisse, du portefeuille et de la circulation ; le papier-monnaie ; le mode d'émission des billets de banque (Voir 2ᵉ partie, pages 91 et suivantes).

DROIT COMMERCIAL (1 h.)

Concours du 4 décembre 1908

Notions générales sur les effets de commerce ; leur division ; définition de chacun d'eux ; leurs formes ; énonciations qu'ils doivent contenir. Endossement ; formes de l'endossement ; effets de l'endossement, Acceptation ; formes de l'acceptation ; ses effets. Aval : sa forme ; ses effets. Échéance ; paiements ; droits et devoirs du porteur (Voir 1ʳᵉ partie).

APPENDICE

BORDEREAU D'ESCOMPTE

Établissement du Bordereau d'escompte ci-après : (1/2 h.)

Escompte s/ France : 3 %
— s/ Afrique : 4,5 %

Alger, le 4 décembre 1908.

LIEUX DE PAIEMENT	CHANGES		DÉTAIL DES EFFETS		INTÉRÊTS		
	Tarif	Par effet	Sommes	Échéances	Jours	Nombres 1ers taux	Nombres 2es taux
		fr. c.	fr. c.				
Amiens	Pair	»	4.786 65	9 Déc.	5	239f	
Périgueux	»	»	17.111 45	12 —	8	1.369	
Orléans	»	»	148 10	13 —	14	16	
Biskra	0f20	12f65	6.324 90	25 —	21		1.328f
Bône	Pair	»	23.758 65	31 —	27		6.415
L'Agha (Exprès, 0f20)	»	»	444 30	5 Janv.	32		142
Milan	0f60	25 55	4.255 25	7 —	34		1.447
Bizerte	0 35	3 40	977 90	15 —	42		410
Courbet (Exprès, 0f75)	0 15	2 00	1.329 15	20 —	47		625
Saïda	0 25	7 00	2.791 50	27 —	54		1.508
Takitount (Exprès, 0f75)	0 35	0 70	197 90	31 —	58		114
Monastir	0 40	46 90	11.722 75	1er Févr.	59		6.916
Jardin d'Essai (Exprès, 0f50)	Pair	»	3.346 10	5 —	63		2.108
Frais de course. 2f20		98f20	77.195f60				
(1) Intérêts à 3 % 13.53						1.624f	
(2) — 4f50 % 262.66							21.031f
Changes 98.20							
————							
376f60			376f60				
Net, valeur 5 décembre			76.818f40				

(1) 3 % = $\frac{1.624}{120}$ = 13f53.   (2) 4f50 % = $\frac{21.013}{80}$ = 262f66.

ENSEIGNEMENT INDUSTRIEL ET COMMERCIAL

ARITHMÉTIQUE COMMERCIALE

Concours pour le certificat d'aptitude au Professorat commercial

On doit une somme de 17.930 dollars exigible dans 45 jours. On règle le compte avec une lettre de change à 80 jours et on demande de calculer :
1° le prix d'achat en francs, à Paris ?
2° la valeur nominale de cette lettre de change à 80 jours ?
Paris cote New-York : 515 (papier long).
Escompte à New-York : 4 %.
Résoudre chaque partie du problème par une conjointe, dans l'ordre indiqué.
Vérifier les résultats obtenus.

Solution

A) Valeur actuelle 17.930 $ à 45 jours.
Valeur nominale à 80 jours = 17.930 + 70 = 18.000 $.
(70 = intérêt à 4 % pendant 35 jours)

B) Valeur nominale : 18.000 $ à 80 jours.
Valeur actuelle à vue : 18.000 − 160 = 17.840 $.
(160 = intérêt à 4 % pendant 80 jours)

1re conjointe :

$$\begin{cases} x \text{ francs} \\ 17.930 \text{ \$ à 45 jours} \\ 18.000 \text{ \$ 80} \\ 100 \text{ \$ à vue} \end{cases} \quad \begin{matrix} 17.930 \text{ \$ à 45 jours} \\ 18.000 \text{ \$ à 80} \\ 17.840 \text{ \$ à vue} \\ 515 \text{ francs} \end{matrix}$$

$$x = \frac{17.930 \times 18.000 \times 17.840 \times 515}{17.930 \times 18.000 \times 100} = \frac{17.840 \times 515}{100} =$$

Prix d'achat de la lettre de change : **91.876** fr.

2ᵉ conjointe :

$$\begin{cases} x \text{ \$ à 80 jours} \\ 90 \text{ \$ à 45 } - \text{ (1)} \end{cases} \quad \begin{matrix} 17.930 \text{ \$ à 45 jours} \\ 90,35 \text{ à 80 } - \end{matrix}$$

(1) 90 \$ de valeur actuelle font, à 4 %: 90,35 de valeur nominale à 35 jours (45 + 35 = 80).

$$x = \frac{17.930 \times 90,35}{90} = 18.000 \text{ \$}.$$

La valeur nominale de la lettre de change est de : 18.000 \$.

3° Vérification des résultats :

(Voir précédemment §§ A et B)

```
 $ 18.000 = Valeur nominale.
       70 = Intérêt pendant 35 jours à 4 %.
   17.930 = Valeur de la dette donnée.
```

On a également :

```
 $ 18.000 = Valeur nominale.
      160 = Intérêt pendant 80 jours à 4 %.
   17 840 = Valeur actuelle qui, au cours de :
             100 $ = 515
```
donne bien 91.876 fr.

DIPLOME DE COMPTABLE

(Examen de la Société académique (¹), Session 1909)
(Voir pages 117 et suivantes.)

Changes et arbitrages

Cote de Paris

Londres, à vue	25,17
Berlin, à vue	123,125
Saint-Pétersbourg, à vue	265,625

Cote de Londres

Paris, à vue	25,185
Berlin, à 3 mois	20,63 et 4 %
Saint-Pétersbourg	25,60 et 5 %

1° *On demande de chiffrer la cote de Londres à Paris ?*
2° *Débiteur de Londres, comment vous libérerez-vous ?*
3° *Créancier de Londres, comment vous rembourserez-vous ?*

Solution. — 1° Chiffrer la cote de Londres à Paris, c'est exprimer, en *francs*, la valeur de la *livre sterling* achetée sur les quatre marchés considérés.

Londres et Paris sont indiqués, puisque Paris cote Londres en *incertain* et Londres cote Paris en *certain*, et à *vue* sur les 2 places.

Pour Berlin, à Londres, le cours étant donné à 3 mois, nous le ramenons *à vue* :

$$20,63 - \left(\frac{4 \times 20,63 \times 3}{100 \times 12}\right) = 20,4235$$

---

(1) Société académique de comptabilité. Paris.

et nous pouvons écrire la conjointe suivante :

$$\begin{cases} x \text{ francs} & 1 \pounds \\ 1 \pounds & 20{,}4235 \text{ mk.} \\ 100 \text{ marks} & 123{,}125 \text{ fr.} \end{cases}$$

d'où :

$$x = \frac{20{,}4235 \times 123{,}125}{100} = 25{,}1464$$

qui est le cours de la £, en francs, par Berlin.

Pour Saint-Pétersbourg, ramenons la cote de Londres à vue : (*ce cours doit se lire : 25 pence = 1 rouble*).

$$25 - \left(\frac{5 \times 25 \times 3}{100 \times 12} \right) \; 24{,}6875$$

et posons la conjointe :

$$\begin{cases} x \text{ francs} & 1 \pounds \text{ ou } 240 \text{ pence} \\ 24{,}6875 \text{ pence} & 1 \text{ rouble} \\ 100 \text{ roubles} & 265{,}625 \text{ fr.} \end{cases}$$

d'où

$$x = \frac{240 \times 265{,}625}{24{,}6875 \times 100} = 25{,}822$$

qui est le cours de la £, en francs, par Saint-Pétersbourg.

On peut donc dresser le tableau suivant qui donne la parité cherchée :

DEVISES	COURS A PARIS	COURS A LONDRES	PRIX DE LA £
Londres	25f 170 à vue	»	25f 170
Berlin	123 125 —	20f 63 3 mois	25 1464
Saint-Pétersbourg	265 625 —	25 00 —	25 822
Paris	»	25 185 à vue	25 185

2° Le Parisien débiteur de Londres en £, doit, pour se libérer, acheter des marks à Berlin (25,1464) et les remettre à Londres.

3° Le Parisien créancier de Londres, en francs, pour se couvrir, se fera envoyer des marks par Londres et les négociera à Paris.

TABLE DES MATIÈRES

	Pages
Préface.	v

PREMIÈRE PARTIE

DES EFFETS DE COMMERCE

De la lettre de change	6
Forme	8
Provision	10
Acceptation	10
Échéance	14
Endossement	18
Effets en pension	20
Traites documentaires	21
Allonge	21
Solidarité	21
Aval	22
Besoin	23
Domiciliation	23
Paiement	24
Droits et devoirs du porteur	28
Protêts	33
Rechange	35
Du billet à ordre	39
Du billet simple	42
De la prescription	43
Conditions fiscales des effets de commerce	44
Des warrants	51
Du chèque	56
Description	56
Chèque barré, chèque circulaire	63
Chèque postal	68
Chambre de compensation	69

DEUXIÈME PARTIE

ESCOMPTE ET RECOUVREMENT

	Pages
Notions générales	73
De l'intérêt simple	73
Intérêt ajouté au capital	74
Méthodes rapides pour le calcul des intérêts	75
Méthode des nombres et des diviseurs	75
Méthode des parties aliquotes	77
Des intérêts composés	81
Annuités et amortissements	82
Rentes viagères et tables de mortalité	82
De l'escompte	84
Échéance moyenne	85
Échéance commune	89
Escompte des effets de commerce	91
Classification du papier de commerce	92
Papier négociable	93
Papier bancable	95
Conditions d'escompte de la Banque de France	95
Papier déplacé	97
Bordereaux de la Banque de France	98
Recouvrements	100
Bordereau de la Banque de France	101
Recouvrements par la poste	102
Conditions générales d'escompte des banquiers	102
Termes usités en banque	104
Bordereaux décomptés	105
Papier sur l'étranger	109

TROISIÈME PARTIE

DU CHANGE

Des changes en France	113
Aval décompté	115
Considérations sur les changes	116
Théorie des changes	118
Certain et incertain	119
Gold-point	120
Silver-point	120
La cote des changes à Paris	121
Problèmes	124
Parité et nivellement	126
Des arbitrages	127
Arbitrage direct	128

TABLE DES MATIÈRES 205

	Pages
Arbitrages indirects	129
Règle conjointe	129
Cote des changes sur les principales places	133

QUATRIÈME PARTIE

MATIÈRES D'OR ET D'ARGENT

Argent	141
Or	141
Monnaies françaises	142
Change des monnaies et des valeurs métalliques	145

CINQUIÈME PARTIE

MONNAIES ÉTRANGÈRES ET USAGES DES PRINCIPALES PLACES

Cote des billets de banque étrangers	149
Cote des monnaies d'or étrangères	150
Cote des monnaies d'argent	150
Colonies françaises et protectorats	151
Europe	152
Allemagne	152
Angleterre	155
Autriche-Hongrie	158
Belgique	160
Bulgarie	161
Danemark	162
Espagne	164
Grèce	166
Hollande	167
Italie	169
Luxembourg	171
Norvège	172
Portugal	173
Roumanie	175
Russie	176
Serbie	178
Suède	179
Suisse	180
Turquie d'Europe	184
Asie	185
Chine	185

	Pages
Japon	186
Perse	187
Amérique	188
États-Unis	188
Diverses monnaies étrangères	190

APPENDICE

Questions de concours et d'examens	192
TABLE DES MATIÈRES	203
TABLE ALPHABÉTIQUE	207

TABLE ALPHABÉTIQUE

A

	Pages
Acceptation	10
Acquit	15, 26
Agio	104
Allemagne	152
Allonge	21
Amortissement	82
Angleterre	155
Annuité	82
Arbitrages directs	128
Arbitrages indirects	129
Argentine (République)	190
Autriche-Hongrie	158
Aval	22, 115

B

Banque de France (escompte)	95
Banque de France (encaissement)	101
Belgique	160
Bénéficiaire	4
Besoin	23
Billet à domicile	42
Billet à ordre	39
Billet simple	42
Bolivie	190
Bordereau	97, 105
Brésil	190
Broche	104

C

Cédant	4
Certain	119
Cessionnaire	4
Chambre de compensation	69
Change-papier (cote de Paris)	121
Change-papier (cotes étrangères)	123
Change des monnaies	145

TABLE ALPHABÉTIQUE

	Pages
Change (Lettre de)	6
Chèque	56
Chèque barré	63
Chèque postal	68
Chili	190
Chine	185
Colombie	190
Commission	4
Compte de retour	35
Costa-Rica	190
Courtage	122
Couverture	5

D

Danemark	162
Déchéance	28
Disposition	5
Domiciliation	23

E

Échéance	14
Échéance commune (Problèmes sur)	89
Échéance moyenne (Problèmes sur)	85
Effets de commerce	1
Égypte	190
Encaissement (Poste)	102
Endossement	18
Escompte et recouvrement	73, 84, 91
Escompte en dedans	84
Escompte en dehors	84
Espagne	164
États-Unis d'Amérique	188
Éthiopie	190

G

Grèce	166
Gold-point	120

H

Haïti	190
Hollande	167
Honduras	190

I

	Pages
Incertain	119
Intérêts simples (Calcul des)	73
Intérêts composés (Calcul des)	81
Intervention (Acceptation par)	10
Intervention (Paiement par)	24
Italie	169

J

Japon	186
Jours de grâce	5
Jours fériés	15

L

Luxembourg (Grand-Duché de)	171

M

Mexique	190
Monnaies d'argent françaises	142
Monnaies d'argent étrangères (cours)	150
Monnaies d'or françaises	142
Monnaies d'or étrangères (cours)	150
Mortalité (Tables de)	83

N

Nicaragua	190
Nivellement des cours	126
Nombres (Méthode des)	75
Norvège	172

P

Papier négociable	93
Papier bancable	95
Papier déplacé	97
Papier étranger	109
Parité	126
Parties aliquotes (Méthode des)	77
Perse	187
Porteur	28
Portugal	173
Prescription	43
Protêt	33
Provision	19

R

	Pages
Récépissé	51
Rechange	35
Règle conjointe	129
Rentes viagères	83
Roumanie	175
Russie	176

S

Salvador	190
Sans frais	30
Serbie	178
Siam	190
Silver-point	120
Suède	179
Suisse	180
Système mercantile	118

T

Taux légal	37
Taux conventionnel	37
Timbres (Lois sur les)	44
Tiré	5
Tireur	5
Traite	8
Turquie d'Europe	184

U

Union monétaire latine	144

V

Vénézuela

W

Warrant

NANCY, IMPRIMERIE BERGER-LEVRAULT — AVRIL 1919

LÉGISLATION DE GUERRE
Collection publiée sous la direction de A. SAILLARD ✳, ☉ I. C☨
CHEF DE BUREAU AU MINISTÈRE DE L'AGRICULTURE

1914-1917 F.-J. COMBAT

Les Affaires,
la Bourse, les Banques
et la Guerre

MANUEL DE L'HOMME D'AFFAIRES PENDANT LA GUERRE
MORATORIA DIVERS, PERTE DES VALEURS MOBILIÈRES, PATENTES ET IMPOTS

Textes officiels et Commentaires pratiques

OUVRAGE HONORÉ DES SOUSCRIPTIONS
DE DIVERS MINISTÈRES

BERGER-LEVRAULT, LIBRAIRES-ÉDITEURS
PARIS | NANCY
5-7, RUE DES BEAUX-ARTS | RUE DES GLACIS, 18
1917

2ᵉ ÉDITION Prix : 2 fr. 25

LÉGISLATION DE GUERRE
Collection publiée sous la direction de A. SAILLARD ※, O I, C ☆
CHEF DE BUREAU AU MINISTÈRE DE L'AGRICULTURE

1914-1917   F.-J. COMBAT

Finances publiques
Emprunts et Placements pendant la Guerre

RECUEIL HISTORIQUE ET DOCUMENTAIRE

Budgets de Guerre : Dépenses, Ressources, Impôts
Émissions de la Défense nationale
Rôle de la Banque de France — L'Or

TEXTES OFFICIELS COMMENTÉS

BERGER-LEVRAULT, LIBRAIRES-ÉDITEURS
PARIS | NANCY
5-7, RUE DES BEAUX-ARTS | RUE DES GLACIS, 18
1917

2ᵉ ÉDITION   Prix : 2 fr. 50
Augmentée et mise à jour

BIBLIOTHÈQUE DES SCIENCES ÉCONOMIQUES
Sous la direction de M. A. SAILLARD, Chef de bureau au Ministère de l'Agriculture
FINANCES — COMMERCE — INDUSTRIE

Avec la collaboration de
JACQUES PITON
Licencié en droit, Licencié ès lettres

F.-J. COMBAT
EXPERT-COMPTABLE

TAXES
ET
IMPÔTS NOUVEAUX

LES NOUVELLES TAXES COMMERCIALES
TIMBRES-TAXES ET TIMBRES D'ACQUIT
PAIEMENTS CIVILS ET COMMERCIAUX
TAXE SUR LES DÉPENSES DE LUXE

RÉGLEMENTATIONS FINANCIÈRES
ÉMISSIONS
EXPORTATION DES CAPITAUX
CHANGE

MESURES CONTRE LES FRAUDES FISCALES
INVENTAIRE DES COFFRES-FORTS
RÉGLEMENTATION DES SUCCESSIONS
NOUVEAUX TARIFS SUCCESSORAUX

DISPOSITIONS FISCALES DIVERSES

MÉMENTO DU CONTRIBUABLE
Avec Textes officiels, Commentaires et Barèmes divers

BERGER-LEVRAULT, LIBRAIRES-ÉDITEURS
PARIS
5-7, RUE DES BEAUX-ARTS

NANCY
RUE DES GLACIS, 18

1918

Prix : 5 francs

BIBLIOTHÈQUE DES SCIENCES ÉCONOMIQUES
Sous la direction de M. A. SAILLARD, Chef de bureau au Ministère de l'Agriculture
FINANCES — COMMERCE — INDUSTRIE

F.-J. COMBAT

LES
IMPÔTS CÉDULAIRES

ET

L'IMPÔT GLOBAL SUR LES REVENUS

MÉMENTO DU CONTRIBUABLE

*Résumé historique, Impôts à l'étranger
Textes officiels et Commentaires, Barèmes divers*

TAXES SUR LES REVENUS
 - DU COMMERCE ET DE L'INDUSTRIE,
 - DE L'AGRICULTURE,
 - DE TOUTES LES PROFESSIONS,
 - DES PROPRIÉTÉS FONCIÈRES,
 - DES VALEURS MOBILIÈRES.

L'IMPÔT GLOBAL SUR L'ENSEMBLE DES REVENUS

BERGER-LEVRAULT, LIBRAIRES-ÉDITEURS

PARIS | NANCY
5-7, RUE DES BEAUX-ARTS | RUE DES GLACIS, 18

4ᵉ édition de *L'Impôt global*.
2ᵉ édition des *Impôts cédulaires*.

Prix : 5 francs

BERGER-LEVRAULT, LIBRAIRES-ÉDITEURS

NANCY — PARIS — STRASBOURG

BIBLIOTHÈQUE D'ENSEIGNEMENT ADMINISTRATIF ET TECHNIQUE

Sous la direction de M. A. SAILLARD, chef de bureau au Ministère de l'Agriculture.

Précis de Droit. — Les Pouvoirs publics. *Organisation et attributions des pouvoirs législatif, exécutif et judiciaire. Matières administratives diverses,* par André THIBAULT, sous-directeur, et A. SAILLARD, chef de bureau au Ministère de l'Agriculture. 3ᵉ édition. 1914. Un volume in-12 de 460 pages, broché . . . . 5 fr. — Relié en percaline . . . . . 6 fr.

Précis de Droit. — Droit pénal. *Code pénal. Code d'instruction criminelle. Principaux crimes et délits. Formules,* par Louis FOUCHER, chef de bureau à la Préfecture de la Seine, et A. SAILLARD. 1906. Un volume in-12 de 615 pages, broché . . . . . 6 fr. — Relié en percaline . . . 7 fr.

La Protection légale des Travailleurs en France. *Commentaire du livre II du Code du Travail et de la Prévoyance sociale,* par Roger PICQUENARD, directeur au Ministère du Commerce et de l'Industrie. Tome I. 1913. Un volume in-8 de 495 pages, broché . . . . 7 fr. 50

La Lutte contre le Saturnisme (*Empoisonnement par le plomb*), par A. GILLET et E. GALMICHE. 1912. Un volume in-12 de 306 pages, avec 41 figures, broché . . . . 3 fr.

Manuel d'Arithmétique à l'usage des candidats aux carrières administratives, des élèves de l'enseignement primaire et secondaire, et des candidats aux diverses écoles, par L. POMIER, chef de bureau au Ministère de la Guerre, et A. SAILLARD. 2ᵉ édition. Un volume in-8 . . . 4 fr. 50

Recueil de corrigés de Rédactions françaises sur des sujets donnés dans les concours des administrations de la Ville de Paris, par H. GRANDAMY, inspecteur des services administratifs à la Préfecture de la Seine, et A. SAILLARD. 1908. Volume in-8, broché, 3 fr. 50 — Relié, 4 fr. 50

Comment on développe un Devoir français, traité de rédaction française, par Eug. VAILLE. Un volume grand in-8, broché . . . . 3 fr.

La Géographie des Voies de communication, par Eug. VAILLE. Un volume grand in-8, avec 18 cartes . . . . 2 fr.

Manuel des Aspirants Percepteurs *et des candidats aux concours des Trésoreries.* 13ᵉ édit., entièrement refondue et mise à jour, par A. LORRAIN, percepteur honoraire. 1914. Un volume in-12 de 689 pages, broché . 5 fr. Relié en percaline . . . . 6 fr.

Premiers principes de Mécanique rationnelle, par P. FRICK, ingénieur des constructions civiles. 1913. Un volume in-8 de 355 pages, avec 152 figures dans le texte, broché . . . . 5 fr.

Notions générales sur les Machines, par P. FRICK. 1913. Un volume in-8 de 811 pages, avec 311 figures dans le texte, broché . . . . . 5 fr.

Traité pratique de Mécanique et d'Électricité industrielles, par Georges OZAM et A. SAILLARD, en 2 volumes in-8. — 1ᵉʳ volume épuisé. — 2ᵉ volume : *Moteurs à explosion. Électricité. Machines-outils. Appareils de levage. Installation des ateliers.* 936 pages, 593 figures dans le texte, reliure souple. Le volume . . . . 12 fr.

Le Classement des dossiers administratifs. *Procédés de classement en usage dans les services publics,* par A. SAILLARD et H. LACUENAUD. Un volume in-18 . . . . 1 fr.

LE CANDIDAT AUX EMPLOIS PUBLICS. Journal mensuel de grand format (16ᵉ année). Concours des Administrations et des Écoles. Service de renseignements aux abonnés. — Un an . . . . 3 fr.

BERGER-LEVRAULT, LIBRAIRES-ÉDITEURS
NANCY — PARIS — STRASBOURG

BIBLIOTHÈQUE DES SCIENCES ÉCONOMIQUES
Sous la direction de M. A. SAILLARD, chef de bureau au Ministère de l'Agriculture

FINANCES — COMMERCE — INDUSTRIE

Les Impôts cédulaires et l'Impôt global sur les Revenus. Impôt sur les revenus du commerce et de l'industrie, — de l'agriculture, — de toutes les professions, — des propriétés foncières, — des valeurs mobilières. — Impôt global. — *Mémento du contribuable*, par F.-J. Comhar, 2ᵉ édition 1918. Un volume in-12 de 300 pages, broché .... 5 fr. net

Taxes et Impôts nouveaux. Nouvelles taxes commerciales, réglementation des émissions, du change, etc. Mesures contre les fraudes fiscales et nouveaux tarifs successoraux. Diverses dispositions fiscales, par F.-J. Comhar et J. Pyron. 1918. Un volume in-12 de 250 pages, broché .... 5 fr.

Les Effets de Commerce. Escompte et recouvrement. Changes et Monnaies, par F.-J. Comhar, 2ᵉ édition du *Manuel du Portefeuilliste*. 1919. Un volume in-8 de 215 pages, broché .... 6 fr. 50

Les Opérations de Banque. Précis pratique à l'usage des Capitalistes, des Industriels et des Commerçants, des Employés des Banques, de la Bourse et du Commerce, par F.-J. Comhar. — 2ᵉ édition du Volume *Banque et Opérations de Banque*. 1919. Un volume in-8 de 345 pages, broché .... 8 fr.

Manuel des Opérations de Bourse. Valeurs mobilières, Bourses, des valeurs. Opérations. Organisation du marché de Paris. Bourses Départementales et étrangères, par F.-J. Comhar. ... édition. Un volume in-8 de 400 pages, avec reproductions de documents, broché ....

Droit commercial des Chemins de fer. Étude théorique et pratique de la législation et des tarifs qui régissent les rapports entre les Chemins de fer et leur clientèle, par Victor Mrrns, inspecteur de l'exploitation commerciale des chemins de fer. 1912. Un volume grand in-8 de 1.000 pages, avec figures et cartes, relié .... 20 fr.

COLLECTION DES GUIDES-PROGRAMMES
Publiés avec le concours de l'Institut administratif

Renseignements généraux et organisation des services. — Avantages de la carrière. — Documents officiels. — Programmes. — Emplois réservés aux réformés. — Compositions des précédents concours et examens.

Les Aspirants-Percepteurs. Candidatures ouvertes, Concours pour les candidats civils. Examens des sous-officiers, des invalides et des réformés. 2ᵉ à 5ᵉ édition, mise à jour par un *Supplément*. Brochure in-12 .... 1 fr. 25

Le Concours pour l'emploi de Commis de la Trésorerie d'Algérie et des Colonies. Brochure in-12 de 80 pages .... 1 fr. 25

Le Concours pour le surnumérariat des Contributions indirectes. 1914. Brochure in-12 de 40 pages .... 75 c.

Le Concours de Vérificateur adjoint des Poids et Mesures. Candidats sous-officiers. Brochure in-12 de 60 pages .... 75 c.

Le Concours de Contrôleur adjoint des Douanes. Mode d'organisation générale des services des Douanes. 1912. Br. in-12 de 60 pages .... 75 c.

Le Personnel des Trésoreries générales et des Recettes des Finances, et le Concours d'Auxiliaire de 1ʳᵉ classe. 1913. Brochure de 76 pages, avec un *Supplément* (nouveautés parues en 1914) .... 1 fr. 50

Le Concours d'Adjoint et Adjointe au chef de service des Retraites ouvrières et paysannes des Préfectures. Brochure in-12 .... 75 c.

Le Concours d'Inspecteur et d'Inspectrice du travail dans l'industrie. 6ᵉ édition, avec un *Supplément* pour la mise à jour d'après le programme de 1918. Brochure in-12 de 80 pages .... 1 fr. 75

Administration des Postes, des Télégraphes et des Téléphones.
— Concours de Dame-employée. Brochure in-12 de 60 pages .... 75 c.
— Concours de Dame Sténo-Dactylographe. Br. in-12 de 60 pages .... 75 c.
— Concours de Surnuméraire. Brochure in-12 de 60 pages .... 1 fr.

www.ingramcontent.com/pod-product-compliance
Lightning Source LLC
Chambersburg PA
CBHW051910160426
43198CB00012B/1829